Reinlich & kleinlich?!

Wie die Deutschen ticken

Yannik Mahr

Langenscheidt

Berlin · Madrid · München · Warschau · Wien · Zürich

Reinlich & kleinlich?!

Wie die Deutschen ticken
von Yannik Mahr
Lektorat: Sibylle Auer
Layout: Dorothea Huber, Berlin
Umschlaggestaltung: semper smile, München
Bildmotive: Stoff/Spitze: iStockphoto/Petrea Alexandru;
Gartenzwerg von hinten: iStockphoto/Valerie Loiseleux;
Rasen/Hand: plainpicture/Vogel, C.A.;
Gartenzwerg Portrait: iStockphoto/Gianluca Fabrizio;
Bilderrahmen: iStockphoto/rudi wambach

© 2012 Langenscheidt KG, Berlin und München
Satz: kaltner verlagsmedien GmbH, Bobingen
Druck und Bindung: Stürtz GmbH, Würzburg
ISBN 978-3-468-73833-3

Inhalt

Ein typisch deutsches Vorwort ... *008*
... und ein typisch deutscher Erzähler? *011*

Das Volk der Drängler *013*
„Ich glaube, da kommt noch einer" *019*
Die Brückentagebauer *023*
Über Geld spricht man nicht *027*
Zu Hause ist es doch am schönsten *032*
Kurabgabe – ja klar! *036*
Zeigt her eure Füße! *039*
Einigkeit und Recht und Mülltrennung *041*
Zurückgeben, bitte! *047*
Deutschlands Perlen *050*
Pünktlichkeit ist eine Zier ... *054*
Alle reden vom Wetter – Wir nicht. *058*
Wenn erwachsene Menschen Automaten anschreien *064*
Mein Italiener, mein Grieche, mein Chinese *069*
Getrennt (bitte)! *073*
Das zahlen wir *077*
Wir wollen die D-Mark zurück! *079*
Sparen ist unser Sex *082*
Die Spendenweltmeister *086*
Warum einfach, wenn es auch umständlich geht? *090*
Verkehrsbeeinflussungsanlagen *094*

Diese Denglichkeit kotzt einem an *097*
Wer sich nicht wehrt, der lebt verkehrt *100*
Haben Sie Mangosaft? *106*
Geiz ist geil!? *110*
Das mach ich schnell selbst *113*
Nur die Harten kommen in den Garten *117*
Früher war alles besser *120*
Es geht uns zu gut *123*
Wenigstens die Familienministerin
sorgt für Nachwuchs *126*
Die Lust an Listen *130*
„Das ist jetzt nicht dein Ernst, Klaus-Jürgen!" *133*
Du oder Sie? *136*
Ein medizinisches Mysterium *140*
Vereintes Deutschland *144*
Der will nur spielen *147*
Das ist doch mein Bier!
Oder: Das ist mir Wurst! *150*
Unser täglich Brot *154*
Ein heikles Kapitel, oder: Knöllchen-Horst *157*
Nicht klatschen! *159*
Deutsche Katastrophen *162*
Liebe Mitbürgerinnen und Mitbürger *165*
Der Wutbürger *170*

❦

Der Humor der Deutschen *173*
Eltern haften für ihre Kinder *174*
Die letzte große Freiheit *176*
Das Lieblingsspielzeug *179*
Die Zeche zahlt immer der kleine Mann *183*
Das Beste zum Schluss *186*
Der Gartenzwerg *188*

The Making of „Reinlich & kleinlich?!",
oder: Deutsche Gründlichkeit *190*

Ein typisch deutsches Vorwort …

Liebe Leserin, lieber Leser!

Vorsicht: Dieses Buch ist richtig gut. Urkomisch, auf den Punkt, ein Traum in Schwarz, Rot, Gold.
Aber Achtung: Das, liebe Leserin und lieber Leser, dürfen Sie niemals offen zugeben. Selbst wenn Sie nach der Lektüre begeistert und glücklich sein sollten und Ihr Zwerchfell kurz vor dem Zerreißen wäre – lassen Sie sich das auf keinen Fall anmerken! Denn das wäre alles, nur nicht typisch deutsch.
Ganz gleich, mit wem Sie über dieses Buch reden und wie lange: Fangen Sie immer damit an, was Ihnen *nicht* gefallen hat.
Auch wenn da eigentlich nichts ist, suchen Sie! Irgendetwas findet sich doch immer.
Hier nur ein paar Dinge zur Auswahl, Sie können sich auch für zwei oder drei entscheiden:

Das Buch ist zu lang/zu kurz.
Das Buch ist zu teuer/zu billig.
Das Papier ist zu dick/zu dünn.
Die Schrift ist zu groß/zu klein.
Das ist doch alles übertrieben.
Das hat uns gerade noch gefehlt.

Oder ganz einfach:
Das hätte es früher nicht gegeben.

Damit machen Sie schon einmal das Wichtigste richtig, wenn Sie als typisch deutsch gelten möchten. Ein Gespräch beginnt man hier, bei uns in Deutschland, immer, indem man das Negative zuerst nennt. Ein praktisches Beispiel: Fragen Sie Ihren Kollegen oder einen anderen Bürger dieser an sich wunderbaren Republik, wie der Urlaub gewesen sei. In 99 Prozent der Fälle wird er – oder sie – etwas in der Art antworten: „Also, am letzten Tag hat es geregnet, bestimmt zwei Stunden."
Und wenn Sie nach genauerer Betrachtung Ihres Gegenübers einwenden: „Aber du bist doch knackebraun!", wird er – oder sie – zugeben, dass die Sonne mit Ausnahme des letzten Tages ja auch fast rund um die Uhr geschienen habe.
Ein anderes Beispiel: Sollten Sie mal das Glück haben, mit einem Lottogewinner von Angesicht zu Angesicht zu sprechen, versuchen Sie herauszubekommen, wie er sich fühlt. Fragen Sie ihn: „Das muss doch Wahnsinn sein – Sie haben eine Million Euro gewonnen! Jetzt sind Sie bestimmt alle Sorgen los, oder?"
„Na ja, aber die Hälfte geht für die Ausbildung der Kinder drauf, und den Rest hat meine Frau schon für sich verplant. Ich bin froh, wenn ich mir am Ende noch 'nen gebrauchten Porsche kaufen kann."
Etwas in der Art wird er mit Sicherheit sagen. Denn wenn es um das Schlechte im Guten geht, ist der Deutsche wie ein investigativer Journalist: Er sucht so lang, bis er etwas gefunden hat.
Den vielleicht größten Erfolg dabei hatte eine Tageszeitung, die nach dem Sieg der deutschen Nationalmannschaft bei der

Fußballweltmeisterschaft 1990 folgende Schlagzeile kreierte: „Weltmeister – und jetzt?"

In diesem Sinne: Keinen Spaß mit den kommenden Kapiteln! Lesen Sie nicht zu viel auf einmal! Gehen Sie regelmäßig zum Augenarzt! Passen Sie auf, dass Ihnen das Buch nicht gestohlen wird, und schließen Sie rechtzeitig eine Versicherung dagegen ab! Reklamieren Sie jeden Rechtschreibfehler! Und vor allem: Vergessen Sie nicht, den Haufen aufzusammeln, den Ihr Hund in den zwei Minuten gemacht hat, die Sie für dieses Vorwort gebraucht haben!

Mit drei Worten: Bleiben Sie deutsch! Und haben Sie Spaß, aber bitte in Maßen.

… und ein typisch deutscher Erzähler?

Vielleicht wäre es an dieser Stelle angebracht, ein paar Worte über den Erzähler zu verlieren. Schließlich ist Yannik kein klassisch deutscher Vorname, und Mahr auch nicht Meier oder Müller. Tatsächlich habe ich kurz überlegt, dieses Buch unter einem anderen Namen zu schreiben, zum Beispiel als Karl-Heinz Schmidt oder als Klaus Schröder, weil das maximal authentisch geklungen hätte. Ich sah die Rezensionen in den großen deutschen Wochenzeitungen schon vor mir: „Wie keinem Autor zuvor ist es Karl-Heinz Schmidt gelungen", würden sie schreiben, „die Deutschen so zu porträtieren und zu sezieren, wie sie wirklich sind. Kein Wunder, bei dem Namen." Oder so ähnlich.
Dass ich mich am Ende doch entschieden habe, bei Yannik Mahr zu bleiben, hat mit einer auch nicht untypischen deutschen Eigenschaft (Stichwort: Eitelkeit) zu tun und damit, dass „Mahr" in den Regalen der Buchhandlungen kurz vor „Mann" kommt.
Außerdem hoffe ich, den Namensmakel mit geballter Landeskenntnis wettmachen zu können. Ich bin, zugegebenermaßen nicht nur für dieses Buch, in jedem unserer wunderbar-einzigartigen 16 Bundesländer gewesen. Ich habe mich mit den sturen Schleswig-Holsteinern genauso amüsiert wie mit den Hanseaten in Bremen und Hamburg. Ich habe in Berlin verzweifelt einen freundlichen Taxifahrer gesucht und in München eine bezahlbare Wohnung. Ich habe meiner Frau in Weimar den Heiratsantrag gemacht, war auf Lese-

reise in Nordrhein-Westfalen, besuche in Stuttgart mehr oder weniger regelmäßig mein Patenkind, war im Harz Ski fahren, bin in den Sommerferien zwischen Ost- und Nordsee hin- und hergependelt und natürlich schon mehrfach auf Mallorca gewesen.

Allein in den vergangenen fünf Jahren habe ich, beruflich und privat, rund tausend Bahnfahrten durch die Republik absolviert und würde behaupten, dass niemand so rasant eine Fahrkarte zu einem beliebigen Ziel an einem Automaten ersteht wie ich. Sollte also im Reisecenter neben Ihnen plötzlich ein Fahrgast auftauchen, der wie Lucky Luke schneller als sein Schatten ein Ticket zieht – sprechen Sie mich ruhig an. Ich helfe wirklich gern!

Wenn Sie aber nach der Lektüre der kommenden Kapitel einen anderen Eindruck bekommen, möchte ich mich dafür vorab in aller Form entschuldigen. Ich habe einen Hang zu Übertreibungen und mache mich hier und da über Verhaltensweisen lustig, die nicht nur typisch deutsch, sondern ebenso typisch Mahr sind. Ja, ich gebe es zu: Auch ich blockiere in der Bahn den Platz neben mir mit meiner Tasche/ meinem Rucksack, damit sich dort niemand hinsetzt. Ich trenne bei Briefumschlägen Papier und Sichtfenster, bevor ich beides in unterschiedlichen Mülltonnen entsorge. Ich neige zum Beschwerdebriefeschreiben mit ausgeprägter Rechthaberei, fange im Auto plötzlich an zu fluchen, liebe Baumärkte und festverzinsliche Sparanlagen und könnte mich am Telefon auch mal freundlicher melden.

Ich bin halt ein typisch deutscher Erzähler. Trotzdem (oder gerade deswegen?) zum zweiten Mal: Viel Spaß beim Lesen!

Das Volk der Drängler

Er fühle sich sehr wohl hier, hat der renommierte Klimaforscher Mojib Latif, dessen Eltern aus Pakistan stammen, gesagt, als ihn das Magazin *Reader's Digest* über das Leben in Deutschland befragte. Die Arbeitsbedingungen seien gut, die Menschen meist freundlich. Nur eines könne er nicht verstehen: „Warum", fragte Latif, „müssen die Deutschen immer so drängeln? Warum können sie sich nicht ordentlich anstellen?"

Die Frage ist berechtigt, insbesondere dann, wenn man unser Warteverhalten mit jenem in angelsächsischen Ländern vergleicht. Während die Menschen dort in unnachahmlichem Gleichmut und nicht zu verbessernder Gleichmäßigkeit Schlangen vor Supermärkten, Taxiständen und Behörden bilden, schieben sich die Deutschen vor, wo es geht. Besonders bedrohlich kann das auf Flughäfen werden. Argwöhnisch verfolgen die deutschen Passagiere beim Boarding jede Bewegung, die die Mitarbeiter der Fluggesellschaft machen. Sobald sich einer der Sprechanlage nähert, greifen die Bundesbürger nach Handgepäck und Familie, um bei der kurz darauf erfolgenden Durchsage („Meine Damen und Herren, wir beginnen jetzt mit dem Einsteigen") auf jeden Fall vorn in der Reihe und möglichst die Ersten im Flugzeug zu sein. Dort angekommen, regt sich der Deutsche dann gern darüber auf, dass alles so lange dauert: „Jetzt sitzen wir schon eine Stunde hier drin, und da hinten kommen immer noch Leute. Können die sich nicht rechtzeitig anstellen?"

Nein, geduldiges Warten ist keine deutsche Tugend. Deshalb sind wir auch Weltmeister im Überholen. Das beginnt im Straßenverkehr – Stichwort: Lichthupe –, in dem sich Drängler und Nötiger nicht einmal von möglichen Freiheitsstrafen zwischen sechs Monaten und drei Jahren abschrecken lassen.
Es geht weiter im Supermarkt, wo die alte Dame, die mit ihren drei Teilen „doch sicher schnell mal vor" kann, allgegenwärtig ist. Es wird ein ewig deutsches Rätsel bleiben, warum ausgerechnet Rentner am wenigsten warten können. Die müssten doch alle Zeit der Welt haben! Oder sie könnten einfach in den Zeiten Einkaufen gehen, in denen der Rest der Republik arbeitet – am frühen Nachmittag zum Beispiel. Aber wahrscheinlich macht das einfach nicht so viel Spaß.
Wie sehr der Deutsche den am Drängeln, Schubsen und Vorbeischummeln hat, zeigt sich im Urlaub. Wer jemals mit anderen Bundesbürgern (oder einfach dem eigenen Mann/ der eigenen Frau) in einem All-inclusive-Resort zu Abend gegessen hat, weiß, wovon ich spreche. Lange bevor die Restaurants geöffnet haben, stehen die Gäste aus Baden-Württemberg, Bayern oder Sachsen-Anhalt an den Eingängen. Nicht der Hunger treibt sie, sondern die Sorge, erstens keinen Tisch und zweitens zu wenig abzubekommen. Die Bedrohung ist ja auch real: Was, wenn die Steaks nicht reichen? Was, wenn die Engländer das ganze Bier wegsaufen? Was, wenn das Vanilleeis plötzlich aus ist, wie gestern Abend? Obwohl das doch so lecker war! Alles schon da gewesen. Das Risiko ist groß und jede Minute daher kostbar.

Wie kostbar, zeigt sich selten so deutlich wie bei einer Kreuzfahrt auf einem deutschen Schiff mit deutschsprachiger Besatzung und fast ausschließlich deutschen Gästen. Ich habe für dieses Buch den Test am eigenen Leib gemacht und kann deshalb aus voller Überzeugung sagen: Erstens ist es schlimmer, als ich erwartet hatte, und zweitens bin ich auch nicht besser als die meisten meiner Landsleute. Einmal Deutscher, immer Deutscher.
Bei der heißen Schlacht am kalt-warmen Kreuzfahrer-Büfett konnte ich ganz deutlich zwischen zwei Typen unterscheiden: den „Sammlern" und den „Nachholern". Der Sammler versorgte erst einmal sich und seine Familie, sein Tisch sah selbst schnell aus wie ein Büfett. Der Nachholer aß Gang für Gang, wobei er durchaus zweimal zum Salat und bis zu viermal an die Eisbar gehen konnte. Selbstverständlich richtete er es dabei so ein, dass der kostbar erkämpfte Tisch in der Nähe der Dessertbüfetts immer von einem Familienmitglied bewacht wurde.
Interessant war das Gruppenverhalten, das viele Mitreisende im Lauf der Kreuzfahrt an den Tag legten. Mit der Zeit bildeten vor allem die Nachholer Essengemeinschaften mit Gleichgesinnten, die einen aus Dränglersicht entscheidenden Vorteil hatten: Je mehr Passagiere an einem Tisch saßen, desto größer war die Wahrscheinlichkeit, dass einer von ihnen bei der nächsten Mahlzeit exakt diesen Tisch erneut eroberte.
Genau das war auf dem deutschen Schiff jedoch aus verschiedenen Gründen nicht leicht: Erstens, weil man es hier eben nicht mit brav wartenden Engländern und Amerikanern zu tun hatte, sondern mit Kreuzfahrt-gestählten Landsleuten.

Zweitens, weil irgendwo und irgendwann immer eine Mahlzeit anstand.
Bis heute habe ich nicht herausgefunden, wie es meinen Mitreisenden gelingen konnte, zu jedem Essen pünktlich im Hauptrestaurant zu erscheinen und sich trotzdem die Städte angesehen zu haben, vor denen das Schiff festmachte. Soll niemand glauben, dass sich ein deutscher Kreuzfahrtpassagier nur wegen Neapel oder Barcelona oder Rom das teuer bezahlte Mittagessen entgehen ließe. Nein, kaum, dass sich die Türen zu einem der Restaurants öffneten, waren die meisten wieder da.
Anfangs war ich so naiv zu glauben, dass mir das nie passieren würde. In einer italienischen Pizzeria oder einem französischen Weinlokal an Land musste es doch viel schöner sein als im stickigen Hauptrestaurant des Riesenschiffs! Doch nach und nach geriet auch ich in den „Was wir bezahlt haben müssen wir auch ausnutzen"-Sog und rannte selbst zur Mittagszeit wieder Richtung Schiffsanleger, zusammen mit meinen wackeren Mitfahrern.
Am Ende konnte ich sogar jenen Familienvater verstehen, der via Überschlagsrechnung zu beweisen versuchte, dass seine Frau, die Kinder und er so viel getrunken und gegessen hatten, dass es dem Gegenwert der ganzen Reise entsprach. „Die Übernachtungen waren für uns praktisch kostenlos", verkündete er am letzten Tag stolz, und es gab nicht wenige, die ihm respektvoll zunickten.
Vielleicht hätte auch ich das getan, wenn mich sein adipöser Sohn Friedrich nicht mehrmals mit den Worten: „Wir Kleinen wollen auch etwas essen!" erfolgreich aus der Schlange

vor der Eisbar gedrängelt hätte, um sich dann fünf bis sieben Kugeln Eis zu nehmen, die von zwei Waffeln und drei Pfannkuchen zusammengehalten wurden.
Interessanterweise waren die Sitten gerade am Dessertbüfett besonders rau und die Drängelmethoden besonders dreist. Unter anderem hat sich mir die Gestalt einer resoluten, vielleicht 80-jährigen Dame eingeprägt, die sich direkt zwischen mich und den lieben Friedrich schob, weil sie „nur mal kurz ein Eis" wollte, für das auch wir, zusammen mit etwa 40 anderen Menschen, anstanden. Nur ein glücklicher Zufall verhinderte, dass es bei den Kämpfen um die Vanilleeis-Reste bei zunehmendem Seegang keine Verletzten gab. Von ein paar blauen Flecken und einer nicht mehr zu stoppenden Übelkeit abgesehen ist im Hauptrestaurant, zumindest nach meinen Beobachtungen, an diesem Abend nichts Schlimmes passiert.
Robuster ging es da schon in einem österreichischen Hotel zu, das vor allem bei Kurgästen sehr beliebt ist. Der Andrang am morgendlichen Büfett war dort so groß, dass ein weiblicher Gast stolperte und sich den Fuß brach. Die Frau hatte unglücklicherweise im Windschatten eines mächtigen Sammlers gestanden, der sie, zwei volle Teller in jeder Hand, einfach umgerannt hatte.
Sie musste ins Krankenhaus und war ob des entgangenen (und voll bezahlten!) Frühstücks so erbost, dass sie Anzeige gegen Hotel und Übeltäter erstattete. Zum Glück für alle Drängler entschied ein österreichisches Gericht, dass die Teilnahme an einem Büfett, Zitat, „auf eigene Gefahr" geschehe.

Irgendwie haben wir Deutschen das immer schon gewusst. Bei uns gibt es ja sogar das passende Lied dazu, Sie kennen es hoffentlich. Wenn nicht, sollten Sie noch heute im Internet nach Reinhard Meys „Heißer Schlacht am kalten Buffet" suchen …

„Ich glaube, da kommt noch einer"

Es gibt zwei große Schlachtfelder, auf denen Deutsche und Engländer regelmäßig aufeinandertreffen: Das eine ist der Fußball, das andere sind die Liegen an Stränden und Hotelpools.
Über Fußball sagen unsere britischen Freunde, es sei ein Spiel, das 90 oder 120 Minuten dauere und das am Ende immer die Deutschen gewännen. Zumindest in der direkten Begegnung zwischen einer englischen und einer deutschen Mannschaft ist das bei der Weltmeisterschaft 2010 in Südafrika einmal mehr bewiesen worden, und die Schmach des Wembleytores haben wir dabei gleich mit wettgemacht. Sie erinnern sich hoffentlich an das jetzt schon legendäre 4:1!
Da wäre es nur gerecht, wenn die Briten wenigstens im Kampf um den besten Platz an der Sonne das eine oder andere Erfolgserlebnis hätten. Haben sie aber nicht. Die Fußball-Weisheit gilt, leicht abgeändert, auch in Bezug auf Sonnenliegen: Es gibt viel zu wenige davon in den Urlaubsorten, in denen die reiselustigen Nationen sich begegnen, und am Ende geht immer der Engländer leer aus.
Bis vor nicht allzu langer Zeit war das auf unser oben beschriebenes Drängler-Gen zurückzuführen: Deutsche Urlauber waren grundsätzlich vor allen anderen wach. Sie stellten sich den Wecker auf fünf Uhr, um lange vor Sonnenaufgang und damit rechtzeitig ihre Handtücher rund um den Pool zu verteilen. Heute müssen sie sich diese Mühe nicht mehr machen und bleiben trotzdem ungeschlagen, und zwar, seit sich bei

Reiseanbietern neben Hotelzimmern auch Liegestühle im Voraus buchen lassen. Allerdings nur von Deutschland und nicht von England aus … Das Angebot werde, trotz zusätzlicher Kosten von drei Euro pro Tag, sehr gut angenommen, heißt es.

Die Causa hat es sogar in die britische Boulevardpresse geschafft. Der *Daily Telegraph* beklagte in einem Artikel eine Wettbewerbsverzerrung durch deutsche Veranstalter: Dadurch werde eine neue Front im „Handtuchkrieg" eröffnet, an der die Briten nicht gewinnen könnten.

Wen wundert's: Die Platzreservierung ist eine Spielart des Drängelns, und der Deutsche hat es auch hier zu einer bemerkenswerten Perfektion gebracht. Um sein Ziel zu erreichen, ist ihm dabei fast jedes Mittel recht. Im Urlaub sind es die bereits erwähnten Handtücher, im Restaurant müssen Pullover, Schals, Rucksäcke und nötigenfalls die eigenen Kindern herhalten. Und wenn selbst das nicht reichen sollte, tun es auch die weit ausgestreckten Beine und Arme, im Biergarten zum Beispiel. Sieht blöd aus, hilft aber. Und sollte doch einer kommen und sich erdreisten zu fragen, ob hier frei sei, kann man sich immer noch über Stühle und Bänke legen.

Was lernen wir daraus? Ganz einfach: Egal, wie Sie es anstellen – entscheidend ist, dass Sie wie ein Raubtier rechtzeitig und umfassend Ihr Revier markieren. Je erfolgreicher Sie den nächsten Artgenossen auf Distanz halten, umso besser. Dabei sollten Sie sich für nichts zu schade sein.

Ein probates Mittel ist das sich Maximalvoneinanderentferntsetzen. Wenn es eine Weltmeisterschaft in dieser Kunst gäbe, wären die Titelträger mit hoher Wahrscheinlichkeit

Deutsche. Bevor man sich zu Fremden an einen Tisch setzt, wechselt man lieber das Lokal. Ausländische Touristen kommen häufig aus dem Staunen nicht heraus, wenn sie von ihren deutschen Gastgebern mit den Worten: „Ist alles voll" aus einer Gaststätte gezogen werden, obwohl dort fast die Hälfte der Stühle frei ist. Der Deutsche denkt grundsätzlich nicht in Stühlen, der Deutsche denkt in Tischen. Er möchte für sich sein, wenn er isst, genauso wie er für sich sein möchte, wenn er reist.

Das führt dazu, dass sich Fahrgäste in Bussen und vor allem Zügen so auf die Sitze verteilen, als müssten sie gleich „Mein rechter, rechter Platz ist frei" spielen. Um neben sich möglichst viel Raum zu schaffen, gibt es die unterschiedlichsten Strategien:

1. Man setze sich gleich auf den Platz am Gang und versperre so mit dem Körper den Weg zum freien Sitz am Fenster. Übergewichtige sind dabei im Vorteil.
2. Man nehme den Platz am Fenster und blockiere den anderen mit Einkaufstüten, Aktentaschen, Koffern oder, besonders wirkungsvoll, mit einer halb ausgelaufenen Colaflasche: „Da würde ich mich an Ihrer Stelle nicht hinsetzen, der Sitz ist nass. Und Colaflecke gehen ja ganz schwer raus."
3. Man tue so, als würde man den Platz neben sich für einen Arbeitskollegen/Freund/Familienangehörigen frei halten. „Mein Kollege/Freund/Mann ist nur kurz auf die Toilette gegangen, der kommt gleich wieder." Gern genommen wird auch ein Satz wie: „Ich weiß nicht, aber ich glaube, da kommt noch jemand."

4. In besonderen Härtefällen gebe man vor, man habe den Sitz neben sich auch noch reserviert, „um besser arbeiten zu können".
5. Einfach wird es, wenn im Zug wieder einmal das Reservierungssystem ausgefallen ist und über allen Plätzen nur „gegebenenfalls reserviert" steht. Dann kann der gewiefte Bahnfahrer einen Eindringling mit folgenden Worten abschrecken: „Meinetwegen können Sie sich gern hier hinsetzen, aber Sie müssen damit rechnen, dass jemand kommt, der reserviert hat. Der hinter mir musste deswegen gerade zum vierten Mal umziehen …"

Und sollte sich im Zug doch einmal jemand neben Sie setzen: Fangen Sie sofort an zu husten, zu schniefen und zu röcheln, und murmeln Sie etwas wie: „Vielleicht hätte ich mich doch gegen Schweinegrippe impfen lassen sollen!" Das hilft garantiert (außer im Hochsommer).

Die Brückentagebauer

Wo es gerade ums Drängeln, Sammeln und Reservieren geht: Lassen Sie uns offen und ehrlich über Brückentage sprechen. Sie wissen schon: Das sind jene freien Tage, mit denen sich einzelne Feiertage und Wochenenden zu einem mehrwöchigen Urlaub kombinieren lassen. Wer es richtig anstellt, braucht nur vierzehn Tage freizunehmen und ist sechs Wochen weg.
Bei uns in der Firma war das immer der gleiche Kollege: Herr Müller-Hohenstein. Sie werden ihm in den kommenden Kapiteln des Öfteren begegnen, und ich hoffe sehr, dass Sie ihn genauso ins Herz schließen werden, wie ich es inzwischen getan habe.
Gut, Herr Müller-Hohenstein erscheint auf den ersten, zweiten und dritten Blick nicht unbedingt immer liebenswert, und manchmal habe ich mich wirklich über ihn geärgert. Aber erstens neige ich, ich erwähnte es bereits, zu Übertreibungen. Und zweitens steckt doch in jedem von uns (und vor allem unseren Kollegen) ein Stück von ihm. So oder so hoffe ich, dass Herr Müller-Hohenstein nicht gar so unsympathisch rüberkommt, wie es meine Lektorin befürchtet. (Wenn doch, möchte ich Sie bitten, trotzdem weiterzulesen! Ich verliere sonst eine Wette und einen großen Teil des Vorschusses, den ich für dieses Buch erhalten habe).
Herr Müller-Hohenstein fiel in elf von zwölf Monaten eines Jahres weder durch übermäßigen Arbeitseifer noch durch sonstigen Einsatz auf, und ohne die Tage im Oktober hätten

wir ihn vielleicht gar nicht bemerkt. Doch spätestens, wenn im Herbst die regionale Tageszeitung ihre vermischte Seite mit der Schlagzeile „So machen Sie das meiste aus Ihrem Urlaub" aufmachte und darunter sämtliche Feiertage und Ferientermine des Folgejahres mit den möglichen Brückentagen veröffentlichte, kam Leben in den ansonsten ruhigen Herrn Müller-Hohenstein. Zwischen der Lektüre des Kalenders und seinen daraus resultierenden Urlaubsanträgen für das gesamte kommende Jahr vergingen bei ihm meist nie mehr als dreißig Minuten. Er bestand darauf, dass der Chef die Formulare in seinem Beisein gegenzeichnete, und ließ die Sekretärin die Urlaubstermine sofort in den Urlaubskalender der Abteilung übertragen. Wenn es später Überschneidungen mit den Reiseplänen von Kollegen gab, saß Herr Müller-Hohenstein entspannt hinter seinem Schreibtisch und erklärte, auf sein Brückentagsmonopol angesprochen: „Wer zuerst kommt, mahlt zuerst."

Das ging so lange gut, bis besagter Tageszeitung ein verhängnisvoller Fehler unterlief. Im Herbst des Jahres 2006 druckte sie wie gewohnt die Tabelle ab, die für Herrn Müller-Hohenstein alles bedeutete. Weil es im Vorfeld mehr Gemurre als sonst über sein Verhalten gegeben hatte, beeilte er sich diesmal besonders. Zwischen dem Eintreffen der Zeitung und dem Antreten beim Chef vergingen rekordverdächtige neun Minuten. Ich glaube, der Kollege schwitzte sogar. Seine Stirn war feucht, er glücklich.

„Ich kann doch nicht dafür bestraft werden, dass ich meinen Urlaub immer korrekt und vor allem rechtzeitig beantrage", sagte er zum Chef, als der zum ersten Mal mit dem Abzeich-

nen zögerte. Zum Glück unterschrieb er dann doch, und zum Glück hatte Herr Müller-Hohenstein am nächsten Tag einen Brückentag aus dem Vorjahr zu nehmen. So verpasste er die Bürolektüre der Tageszeitung, die sich auf der ersten Seite bei ihren Leserinnen und Lesern dafür entschuldigte, dass sie in der letzten Ausgabe die falschen Ferien- und Brückentagstermine veröffentlicht hatte. „Durch ein technisches Versehen wurde gestern der Plan für 2005 abgedruckt. Wir bitten um Entschuldigung. Lesen Sie heute die richtigen Angaben und machen Sie auch 2006 mehr aus ihrem Urlaub!"
Das haben wir dann getan und Brückentag für Brückentag gerecht aufgeteilt unter den Kollegen. Sie hätten das Gesicht von Herrn Müller-Hohenstein sehen sollen, als er herausfand, dass er im nächsten Jahr der Einzige sein würde, der nicht in den Genuss einer Urlaubsverlängerung kam. Was nicht heißen soll, dass er an den jeweiligen Brückentagen zur Arbeit erschien: Nein, Herr Müller-Hohenstein war ausgerechnet dann krank, der Arme.
„Es ist immer das Gleiche!", werden Sie ausrufen, weil Sie mindestens einen Herrn Müller-Hohenstein aus Ihrer Firma kennen. Ich möchte Ihnen antworten: Es sind vor allem immer *die* Gleichen! Wenn die Kollegen nicht rechtzeitig dazwischengehen, leiten die Müller-Hohensteins dieser Welt aus einem ein-, zwei- und dreimaligen Brückentagsbau schnell ein Gewohnheitsrecht ab, auf das sie erst mit Beginn des Vorruhestands verzichten.
Lassen Sie es nicht so weit kommen! Sie haben die Rechtsprechung auf Ihrer Seite, bei der Frage nach den Brückentagen genauso wie bei der Urlaubsplanung insgesamt. Denn

dabei setzt sich nicht automatisch derjenige durch, der seine freien Tage als Erster beantragt. Der Arbeitgeber/Chef ist verpflichtet, soziale Gesichtspunkte zu berücksichtigen, Eltern haben in der Regel Vorrang vor Alleinstehenden. Also zum Beispiel vor Kollegen wie Herrn Müller-Hohenstein, der seine hart erkämpften zusätzlichen Auszeiten übrigens nie dazu nutzte, um wenigstens spektakuläre Reisen zu unternehmen (siehe übernächstes Kapitel).
Dafür war er dann wieder viel zu bequem – und zu sparsam. Wobei wir beim nächsten typisch deutschen Thema wären.

Über Geld spricht man nicht

Wir Kollegen wussten damals alles über Herrn Müller-Hohenstein: Er war am längsten in der Firma, hatte hier vor gefühlten hundert Jahren seine Ausbildung gemacht und sich dann nicht nach oben gearbeitet, im Gegenteil. Er saß immer noch an demselben Schreibtisch, der ihm nach dem Ende der Ausbildung zugewiesen worden war, und schien darüber nicht besonders unglücklich.
Herr Müller-Hohenstein war mit der Firma verheiratet. Er kam selbst an seinen freien Tagen, um in der Kantine zu essen, was deswegen nötig war, weil er zu Hause keine Küche hatte. Das konnten wir lange Zeit nicht glauben, bis eine Kollegin, die drei Monate lang eine Affäre mit Herrn Müller-Hohenstein gehabt hatte, es uns bestätigte. Sie war es auch, die uns von seiner ausgeprägten Vorliebe für Computerspiele und seiner riesigen Sammlung von Titanic-Devotionalien erzählte. Herr Müller-Hohenstein musste einen Großteil seines Gehalts für Teller, Tassen, Bilder, Fotos und was weiß ich ausgegeben haben, die angeblich aus dem Wrack des Schiffes stammten.
Womit wir beim Thema wären. Nein, es geht nicht um die „Titanic", schließlich tragen die Deutschen an dieser Katastrophe ausnahmsweise einmal keine Schuld. Es geht um Geld und darum, dass man in Deutschland nicht darüber spricht. Wie gesagt, wir Kollegen wussten alles über Herrn Müller-Hohenstein, ich hatte ihn sogar einmal erwischt, wie er auf dem Firmenparkplatz eine Praktikantin begrapscht hatte. Entsprechende Bilder hatte ich umgehend ins Intranet ge-

stellt. Das Einzige, was wir nicht wussten, war, wie viel Herr Müller-Hohenstein verdiente – oder sonst jemand, mit dem wir tagaus, tagein in den stickigen Büros zusammensaßen. Wir erzählten uns beinahe jedes Detail aus unserem Leben, von Urlauben über eitrige Ausschläge am Bein bis hin zu ungewöhnlichen Sexpraktiken. Nur wenn es ums Geld ging, wurde es auf einmal ungewohnt ruhig im Großraum. Typisch deutsch eben.
Wobei sich die Eigenart, unbedingt wissen zu wollen, was der Kollege verdient, aber niemals darüber zu reden, wie viel man selbst bekommt, mit steigendem Einkommen verstärkt. Je besser der Posten und damit das Salär, desto zugeknöpfter gibt sich der deutsche Arbeitnehmer. Das hört bei Aktiengesellschaften erst wieder auf Vorstandsebene auf, weil dort die Gehälter in der jährlichen Bilanz ausgewiesen werden müssen. So wissen wir zum Beispiel, dass der Chef der Deutschen Bank (ein Schweizer!) im Jahr rund zehn Millionen Euro verdient und der Vorstandsvorsitzende von Siemens immerhin noch mehr als sieben Millionen.
Aber nutzt uns das etwas? Nein, denn leider hat noch niemand, selbst keiner der viel gerühmten deutschen Mathematiker, eine Formel errechnet, mit der meine Kollegen und ich zum Beispiel aus dem Gehalt unseres Vorstandsvorsitzenden (1,5 Millionen) Rückschlüsse auf die Einkünfte von Herrn Müller-Hohenstein ziehen könnten. Das ist bedauerlich, wie die gesamte Geheimnistuerei um die Kohle, und schadet am Ende den Arbeitnehmern. Denn wie sollen wir jemals erfahren, ob wir vernünftig bezahlt werden? Ob der Kollege am Schreibtisch gegenüber nicht deutlich mehr

bekommt? Oder ob Herr Müller-Hohenstein vielleicht am besten von allen bezahlt wird, obwohl er nicht einmal in der Lage ist, vor seinen Brücken-Urlaubstagen eigenständig seinen Mail-Abwesenheitsassistenten zu aktivieren?
Wir Deutschen haben uns mit unserer „Über Geld redet man nicht"-Mentalität hoffnungslos den Arbeitgebern ausgeliefert. Einzelne Versuche, die Mauern des Schweigens zu durchbrechen – um in den für diesen Bereich typischen Allgemeinplätzen zu sprechen –, sind zum Scheitern verurteilt. Ein Beispiel aus Autorenkreisen gefällig? Nachdem ich den Vertrag für dieses Buch unterschrieben hatte und ein paar Schriftstellerkollegen davon erzählte, wagte es tatsächlich einer, mich nach dem Vorschuss zu fragen. Das ist, neben den späteren Verkaufszahlen, nämlich die wichtigste Währung in der Szene.
„Wie viel hast du bekommen?", fragte der andere Autor also. Ich zögerte, besann mich dann aber meiner deutschen Herkunft.
„Das Übliche", antwortete ich.
„Komm schon", sagte er, „rück raus mit der Sprache. Wir sind doch hier unter Kollegen!"
Eben, dachte ich.
„Also, ich habe für mein letztes Sachbuch 5000 Euro Vorschuss bekommen", sagte er. „Und du?"
„Auch so in der Größenordnung", erwiderte ich und fand, dass die Geld-Geheimniskrämerei auch ihr Gutes hatte. Oder hätte ich ihm allen Ernstes erzählen sollen, dass meine Vorauszahlung etwa piepmal so hoch war wie seine? Tut mir leid, ich würde gern offener zu Ihnen sein, aber ich bin genetisch dazu nicht in der Lage.

Nur eins kann ich Ihnen verraten: Herr Müller-Hohenstein verdient deutlich weniger als ich. Mit Recht, wie ich hinzufügen möchte, bevor ich die kleine Geschichte erzähle, die zu seinem Einkommens-Outing führte.
Es war wie immer der 27. eines Monats. Die Teamsekretärin hatte gerade die Lohn- und Gehaltsabrechnungen verteilt, und Herr Müller-Hohenstein war der Erste gewesen, der seinen DIN-A4-Umschlag aufgerissen hatte. Normalerweise ging er dann Zeile für Zeile durch, schüttelte hier und da den Kopf, um schließlich seufzend das Stück Papier in einem Ordner abzuheften.
Dieses Mal war alles anderes. Erst grinste er leicht, dann immer breiter. So ungefähr ab Zeile fünf fing er an zu glucksen, und als er am Ende seiner Abrechnung angekommen war, fiel eine Träne auf das Stück Papier. Zeitgleich sagte er etwas wie: „Endlich!" Dann sprang er auf, als seien die Berechnungen für die Brückentage der kommenden zehn Jahre eingetroffen, rannte ins Büro unseres Vorgesetzten und schüttelte ihm die Hand, als hätte der gerade den Wirtschafts-Nobelpreis gewonnen. „Danke", sagte er, „ich danke Ihnen sehr!"
Als er auf dem Rückweg an meinem Schreibtisch vorbeikam, konnte ich mir nicht verkneifen zu fragen, ob es etwas zu feiern gäbe. Er zierte sich, tippelte vor mir auf und ab, bevor ihm dann doch ein Wort herausrutschte: „Gehaltserhöhung."
Mehr war, siehe oben, nicht drin. Ich wäre auch nie auf die Idee gekommen, „Wie viel?" zu fragen. Ich hatte genug damit zu tun, mich darüber zu ärgern, dass ausgerechnet der faulste Mitarbeiter in der Firmengeschichte mehr Geld be-

kommen hatte. Meine letzte Gehaltserhöhung lag schon fast ein Jahr zurück ...
Wie konnte das nur passieren?
Die Lösung war ganz einfach: Herr Müller-Hohenstein hatte die falsche Abrechnung erhalten. Ich merkte es erst, als ich aus alter Gewohnheit und um den Blicken der Kollegen keine Chance zu geben, zu Hause meinen Gehaltszettel auspackte. Was für ein Schreck! Ganz unten, wo sonst eine recht hohe vierstellige Zahl stand, las ich diesmal: 1845 Euro. Das konnte, das musste ein Irrtum sein! Ich ging sämtliche Angaben durch, und ganz am Ende warf ich auch einen Blick auf die erste Zeile des Dokuments, auf den Punkt „Name des Arbeitnehmers". Sie können sich denken, was dort stand.
Am nächsten Tag gab ich Herrn Müller-Hohenstein seine Gehaltsabrechnung zurück und bat im Gegenzug um meine. Die Teamsekretärin entschuldigte sich für die Verwechslung, und Herr Müller-Hohenstein verlor nie ein Wort darüber, was er auf meinem Zettel gelesen hatte.
Weil man über Geld eben nicht spricht.

Zu Hause ist es doch am schönsten

Wenn Herr Müller-Hohenstein die angesammelten Brückentage für interessante Reisen genutzt hätte, könnte ich ihn ja noch verstehen (siehe oben). Aber er fuhr, seit wir Kollegen denken konnten, nur zweimal im Jahr weg. Im Sommer drei Wochen nach Norderney und im Winter zwei nach Sankt Andreasberg im Oberharz. Immer dieselben Orte, immer dieselben Pensionen. Am letzten Tag der Reise buchte Herr Müller-Hohenstein gleich wieder für das nächste Jahr, und es war ein Drama, als in Sankt Andreasberg nicht nur sein Hotel, sondern beinahe der ganze Ort pleiteging. Herr Müller-Hohenstein hatte wochenlang noch schlechtere Laune als normal, weil er künftig ein paar Kilometer weiter, in Bad Lauterberg, Urlaub machen musste. Wir fragten ihn, warum er die Gelegenheit nicht nutze, um einmal andere Wintersportregionen kennenzulernen, zum Beispiel in der Schweiz oder in Österreich. Herr Müller-Hohenstein schüttelte verständnislos den Kopf, als hätten wir ihm angetragen, mit Richard Branson auf Weltraumtour zu gehen. Urlaub, außerhalb des Vaterlands, wo man ihn womöglich nicht verstand? Irgendwann reichte es mal!

Wobei an dieser Stelle keinesfalls der Eindruck entstehen darf, wir Deutschen würden in den Ferien die Heimat nicht verlassen. Tatsächlich führen uns gut sechzig Prozent aller Reisen über die Grenzen, anders hätte uns die Welttourismusorganisation UNWTO wohl kaum zum Reiseweltmeister erklärt – mit jährlichen Ausgaben von gut 60 Milliarden Euro.

Lieblingsziel war, ist und bleibt aber das eigene Land, was natürlich an dessen unübertroffener Schönheit liegt, und ein wenig an Sprache, Lebensstandard und Sicherheit. Denn was ist das Beste an einem Urlaub im eigenen Land? Genau! Man muss sich nicht umstellen, und an andere Kulturen gewöhnen muss man sich schon gar nicht (es sei denn, man verbringt ein paar Tage in Berlin-Kreuzberg, nach dem Motto: Wie die Türkei, nur ohne Strand).
Nicht ohne Grund führt Spanien die Liste der begehrtesten Auslandsziele der Deutschen an. Auf Mallorca, längst nicht mehr die Putzfraueninsel, sondern so etwas wie das Sylt des Mittelmeers, kann der Bundesbürger in nahezu jedem Café ein Stück Käse-Sahne und ein Kännchen Kaffee bestellen, in seiner Sprache und ohne Gefahr zu laufen, blöd angesehen zu werden oder Emmentaler serviert zu bekommen. Deutsch ist hier so etwas wie die zweite Amtssprache, weswegen die Deutschen längst aufgehört haben, einen Kellner zu fragen, ob er vielleicht etwas „Allemagne" verstehe. Seit auf Mallorca in Euro bezahlt werden kann und die *Bild*-Zeitung hier gedruckt wird, stellt sich jedes Jahr aufs Neue die grundsätzliche Frage, mit welcher Berechtigung die Insel eigentlich noch zu den Auslandszielen zählt. Mallorca ist in vielen Teilen mindestens so deutsch wie Bayern, mit dem Unterschied, dass man die Menschen auf der Insel deutlich besser versteht.
Und genau darum scheint es uns Reisewütigen zu gehen. Wenn wir nicht in Deutschland oder Spanien Urlaub machen, zieht es uns nach Italien, in die Türkei oder nach Österreich, und zumindest bei den Italienern und den Türken kann man

mit gutem Gewissen von Gegenbesuchen sprechen. Und die Österreicher haben seit den Dreißigerjahren des vergangenen Jahrhunderts jede Menge gutzumachen. So oder so: Überall ist die Wahrscheinlichkeit groß bis sehr groß bis hundert Prozent, dass selbst Deutsche mit begrenzten Sprachkenntnissen wunderbar zurechtkommen.
Zudem müssen wir uns in unseren vier Lieblingsländern keine Sorgen um unsere Sicherheit machen. Das ist wichtig. Fast jeder zweite Deutsche passt sein Reiseverhalten inzwischen den Reise- und Sicherheitshinweisen des Auswärtigen Amtes an, nur dreizehn Prozent lassen sich von Krisen überhaupt nicht beeinflussen. Damit wir uns erneut nicht falsch verstehen: Grundsätzlich gehören Reisen zu den letzten Dingen, auf die ein Deutscher verzichten würde. Nur muss es eben nicht gerade dorthin gehen, wo gerade ein Hotel in die Luft geflogen oder ein Bürgerkrieg ausgebrochen ist.
Nach Katastrophen wie den Terroranschlägen des 11. September, den Attentaten von London oder den Unruhen in Ägypten sind die Deutschen zunehmend vorsichtig geworden, was die Wahl ihres Urlaubsorts angeht. Warm und sonnig soll es zwar möglichst immer noch sein, aber eben auch risikoarm. Was die Zahl der Ziele deutlich einschränkt, denn von einem der am weitesten entwickelten Länder der Welt aus gesehen wirken die meisten anderen ziemlich bedrohlich. Umgekehrt ist die Bundesrepublik für Touristen aus allen Teilen der Welt ein ideales, weil so sicheres Reiseziel.
Vielleicht ist das der Grund dafür, dass hierzulande noch nie so viele Übernachtungen in Hotels und anderen Beherbergungsbetrieben gezählt wurden wie im Jahr 2010. Es waren

genau 380,3 Millionen, allein die Zahl der ausländischen Besucher stieg um zehn Prozent.
Zu Hause ist es halt doch am schönsten!

Kurabgabe – ja klar!

Ausländische Gäste beklagen sich bei ihren Deutschland-Besuchen immer wieder darüber, dass so wenig von der Mauer übrig geblieben sei. Das Symbol für die Trennung und Wiedervereinigung, von dem sie viel gelesen und gehört haben, wollen sie schließlich auch mal sehen! Doch sie finden nur eine gelbe Linie, die den früheren Mauerverlauf durch Berlin anzeigt, und hier und da ein paar mit Graffiti bemalte Überreste. Hätte man nicht wenigstens den einen oder anderen Checkpoint und Übergang genau so lassen können, wie er war? Als Erinnerung und Mahnmal, und vor allem: als touristische Attraktion?

Die Frage ist im Nachhinein berechtigt, auch wenn man keinem der Beteiligten vom November 1989 vorwerfen kann, sich nach der Öffnung der Mauer direkt an deren Demontage gemacht zu haben. In Ost- und Westberlin konnte das Ding einfach keiner mehr sehen, deutsche Gründlichkeit tat den Rest. Trotzdem müssen ausländische Besucher bei uns nicht auf langwierige Kontrollen und gut gesicherte Grenzübergänge verzichten. Sie dürfen eben nicht nur in die Hauptstadt fahren, sondern müssen sich auch die deutschen Zonenrandgebiete ansehen!

Das schöne Sylt etwa, das auf seinen insgesamt rund vierzig Kilometern Strand all das bietet, was der Tourist in Berlin schmerzlich vermisst. Soll keiner denken, dass er einfach so ans Meer oder zu seinem reservierten Strandkorb kommt! Vor das Sonnen- und jedes andere Bad haben Sylts Ämter

die Kurkartenkontrolle gesetzt. Im ansonsten pittoresken Westerland kommt man sich am Ende der Friedrichstraße fast vor, als müsse man an einem Grenzposten vorbei. Viel freundlicher als die Bundespolizei am Flughafen gucken die Damen und Herren in dem kleinen Abfertigungshäuschen auch nicht. Und wehe, einer versucht, sich einfach so durchzuschummeln!
Nun mag es für den einen oder anderen Touristen, gerade wenn er nicht aus Deutschland kommt, anachronistisch wirken, dass er in Europa von Land zu Land fahren kann, ohne einmal seinen Personalausweis vorzuzeigen, auf Sylt aber ohne Kurkarte nicht einmal von der Haupteinkaufsstraße ans Wasser kommt. Möglicherweise ärgert er sich sogar, dass er Geld für etwas bezahlen muss, was es im benachbarten Dänemark komplett kostenlos gibt: einen Spaziergang an der Nordsee zum Beispiel.
Doch das hält die Sylter und die meisten anderen deutschen Bade-, Kur- und Urlaubsorte nicht davon ab, an der Kurtaxe festzuhalten und sie in regelmäßigen Abständen zu erhöhen. „Kurabgabe – ja klar!" wirbt die Sylt Marketing GmbH, als sei die Touristensteuer allein Grund genug, sich gen Norden aufzumachen. Stolz verweist man darauf, dass es „die Kurabgabe – damals noch Kurtaxe genannt" auf der Insel schon seit 1900 gebe. Genau sieben Jahre vorher hatte der Preußische Landtag die Zwangsabgabe offiziell zugelassen. Frühere Vorbilder soll es in Bad Pyrmont (1413) und Baden-Baden (1507) gegeben haben, und damit dürfte ausreichend bewiesen sein, dass die gute alte Kurtaxe eine deutsche Idee ist.

Der Hinweis, dass die „Kurkarte immer bei sich zu führen" sei, ist dabei auch in Situationen ernst zu nehmen, in denen man sonst nichts bei sich führt. Mir zumindest ist ein Spaziergang an einem Sylter FKK-Strand unvergessen, den ich mit einer Bekannten aus den neuen Bundesländern unternahm. Es war an sich alles andere als unangenehm, bis uns ein vollständig bekleideter Herr entgegenkam, den meine Begleitung zunächst für einen, ich zitiere, „perversen Spanner" hielt.
Tatsächlich ging er direkt auf uns zu und musterte währenddessen meine Bekannte, als müsse er anschließend jedes Detail ihres Körpers auf der örtlichen Polizeiwache zu Protokoll geben. Ich glaube, sie war kurz davor, ihm eine zu scheuern, als er uns den Weg verstellte und ohne ein Wort der Begrüßung sagte: „Die Kurkarten, bitte!" Ich überlegte, wie diese Volksweisheit mit dem nackten Mann geht, dem man nicht in die Tasche oder sonstwohin greifen kann, während meine Begleitung versuchte, zeitgleich ihre primären Geschlechtsmerkmale mit den Händen zu bedecken.
„Und?", fragte der Angezogene, offenbar in der Erwartung, sie oder ich hätten in den uns verbleibenden Öffnungen etwas versteckt, was Ähnlichkeit mit einer Kurkarte hatte.
„Was erlauben Sie sich, sie kleiner, per...", setzte meine Bekannte an, bevor ich ihr mit der rechten Hand den Mund zudrücken konnte.
„Lass mich mal machen, Anne", sagte ich, nahm meinen Sonnenhut ab und zog aus dem kleinen Innenfach erst zwanzig Euro und dann meine Kurkarte heraus. Hatten Sie etwas anderes erwartet von einem, der Bücher über typische Deutsche schreibt?

Zeigt her eure Füße!

Man kann Frauen und Frauenmagazinen vieles vorwerfen, aber nicht, dass sie in den vergangenen Jahrzehnten nicht alles versucht hätten, dem deutschen Mann die Vorliebe für weiße Tennissocken und Sandalen auszutreiben. Allein, genutzt hat es nichts. Selbst im aufgeklärten 21. Jahrhundert, in dem Männer wie selbstverständlich Handcremes, Conditioner und Deos benutzen, verraten sich deutsche Urlauber durch die oben beschriebene hochelegante Kombination. Und damit nicht genug. Auf die Frage, woran sie ihre Landsleute in der Fremde erkennen, antworten die meisten Bundesbürger: an Socken in Sandalen (auf den nächsten Plätzen folgen übrigens „dicker Bierbauch" und „permanentes Herumgemecker", ein weiterer Beweis dafür, dass zumindest zwei Kapitel dieses Buches so falsch nicht sein können).

Die Frage ist doch: Woran liegt das? Haben deutsche Männer ständig kalte Füße? Brauchen sie, gerade am FKK-Strand, etwas, wo sie EC-, Kur- und sonstige Karten aufbewahren können? Oder hängt alles am Ende doch mit dem den Deutschen nachgesagten Hygienebewusstsein zusammen?

Dafür würde sprechen, dass mehr als jeder zweite Bundesbürger nicht ohne seine Badelatschen – neudeutsch: Flip-Flops, altdeutsch: Adiletten – in den Urlaub fährt. Das sind gut fünfmal so viele wie im europäischen Schnitt, ergab die Umfrage eines Online-Reiseveranstalters. Aus eigener Erfahrung kann ich die Beobachtung nur bestätigen, wobei der Flip-Flop-Fetischismus eher ein weibliches Phänomen zu

sein scheint. Meine Frau würde auf keinen Fall ohne ihr geliebtes, etwa zwölf Jahre altes Gummipaar reisen. Es ist das Erste, was ich nach der Ankunft im Hotel auspacken muss, während sie auf einem sicheren Stuhl wartet, die nackten Füße so weit es geht in der Luft. Niemals würde sie auf die Idee kommen, den Boden unserer Unterkunft barfuß zu betreten, vom Badezimmer oder der Dusche gar nicht zu reden. Mir macht das nichts aus, und bis vor Kurzem bin ich ganz normal durch unsere Hotels gerannt.
Inzwischen hat mir meine Frau robuste Haus-Flip-Flops gekauft, und ich werde jedes Mal getadelt, wenn ich im Urlaub einen Schritt ohne mache. Wenn sie nicht genau guckt, behalte ich dabei manchmal sogar die Socken an …

Einigkeit und Recht und Mülltrennung

Wer nach dem kleinsten gemeinsamen Nenner der Deutschen sucht, findet – Müll. Nichts eint das Volk der Dichter und Denker so wie der Umgang mit den Dingen, die es nicht mehr braucht.
Nur lächerliche zwei Prozent werfen ihren Müll einfach weg, ergab eine Umfrage des Marktforschungsinstituts Dialego. Die Mehrheit sammelt und trennt und sortiert, als würde davon der Fortbestand der Demokratie abhängen. Die Müllbehälter in Deutschlands Küchen haben deshalb längst Waschmaschinen-Ausmaße angenommen. Es gibt eigene Abteilungen für Bio-Abfälle, für Plastik, Papier, Glas und den Rest. Wobei der Rest kaum noch erwähnenswert und die Mutter aller Mülltonnen, die graue, ausgestorben wäre, wenn es nicht nach wie vor Hausfrauen gäbe, die beim Sortieren unentschuldbare Fehler machen. Von ihren Männern gar nicht zu reden.
Ja, Sie lesen richtig: Der Deutsche macht Fehler! Dabei ist unser Müllsystem mit grauer, gelber, blauer und grüner Tonne denkbar einfach. Das versteht jedes Kind, zumindest wenn es, wie von Erziehungswissenschaftlern der Universität Köln vorgeschlagen, in der vierten Klasse das Fach „Mülltrennung" auf dem Stundenplan hat. Selbstverständlich mit vorher zu Hause gesammelten und ausgewaschenen Joghurtbechern.
Zugegeben – dass Produkte mit dem grünen Punkt in die gelbe Tonne gehören, mag für den einen oder anderen Samm-

ler verwirrend sein. Aber wie kann man allen Ernstes auf die Idee kommen, alte Telefonbücher, Pappbecher oder Tapetenreste in den Papiermüll zu werfen? Das ist natürlich falsch! Tapetenreste müssen in die Restmülltonne, Pappbecher in den Wertstoffcontainer und alte Telefonbücher werden persönlich der Telekom zurückgebracht. Was bei alten Telefonrechnungen wiederum nicht erlaubt ist …

Wenn Sie das System jetzt immer noch nicht verstanden haben, sollten Sie sich dringend eine der hübschen Sammel- und-Trenn-Fibeln holen, die es kostenlos bei den Entsorgern gibt. Darin steht alles, was der Deutsche wirklich über das Leben in seinem Land wissen muss. Etwa, dass Fleisch, Knochen, Fisch, gekochte und flüssige Speisereste in der Biotonne nichts zu suchen haben. Die ist der Vegetarier unter den Müllbehältern, steht auf Obst- und Gemüsereste, Kartoffeln und Eierschalen. Sie dürfen sogar eine Topfpflanze hineinwerfen, wenn Sie vorher den Topf abgenommen haben. Größere Grünpflanzen und Reste von Bäumen müssen dagegen zum Recyclinghof gebracht werden. Häckseln nicht vergessen!

Recycling- oder Wertstoffhöfe sind für den Müllsortierer, was für Christen die Kirchen sind. Hier landen die wahren Schätze der Deutschen: der alte Kühlschrank, der ausrangierte Fernseher, die nicht mehr benötigten Stoffwindeln. Opfern gleich werden sie dem ewigen Müllkreislauf dargebracht, statt einer Kollekte gibt es Entsorgungsgebühren. Wahrscheinlich sind wir Deutschen das einzige Volk der Erde, das doppelt und dreifach für seinen Abfall zahlt. Hauptsache, der Dreck hat seine Ordnung.

Und wehe denen, die diese stören! Wer etwa Altpapier außerhalb der vorgeschriebenen Einwurfzeiten in den omnipräsenten Straßencontainern entsorgt, muss mit Strafverfolgung und/oder hundert Arbeitsstunden im Recyclinghof rechnen. Ich habe ein einziges Mal, an einem Sonntag, einen kleinen Karton mit Zeitungen und alten Bankbelegen neben einem überfüllten Container abgestellt, natürlich mit schlechtem Gewissen. Die Post von der Stadt kam zwei Wochen später. Man habe mich beobachtet, hieß es, wie ich an einem Feiertag (erster Verstoß) meinen Papiermüll am Straßenrand (zweiter Verstoß) abgestellt hätte ...
Rausreden war zwecklos, ein Müllspitzel aus der Nachbarschaft hatte ganze Arbeit geleistet. Er hatte sich nicht entblödet, den Karton so lange zu durchsuchen, bis er einen Kontoauszug mit meinem Namen und meiner Adresse gefunden hatte. Ich habe das Bußgeld bezahlt und für den gleichen Preis einen Reißwolf gekauft. Seitdem bringe ich Altkonfetti zum Papiercontainer – auch wenn ich auf dem Weg dorthin die Hälfte verliere. Blöder Hamburger Wind!
Apropos erwischen: Ich kann jedem Deutschen nur raten, einen dieser „Sortieren Sie den Müll wirklich richtig?"-Tests zu machen, die es im Internet inzwischen ähnlich zahlreich wie Sexseiten gibt. Ich habe es getan, nach gründlicher Vorbereitung und jahrelanger Praxis, und was soll ich sagen: fünf Fehler bei elf Fragen. Okay, die Sache mit der Steingutflasche war heimtückisch, denn wer kauft so was heute noch? Aber das mit dem ausrangierten Föhn hätte ich wissen müssen. Und dass ich mich bei den Pizzaverpackungen vom grünen Punkt irritieren ließ, ist nicht zu entschuldigen. Höchs-

tens vielleicht durch die Tatsache, dass deutsche Männer ihre Stärken bei der Trennung von Bio-Abfällen haben, während Frauen Batterien und Elektroschott besser entsorgen können. Alles wissenschaftlich belegt, siehe oben.
So oder so antworten in Umfragen 65 Prozent der Deutschen auf die Frage, was sie ganz persönlich für die Umwelt tun, mit „Müll trennen" und „Müll sammeln". Wobei diese Leidenschaft leider auch Leiden schafft. Denn mit der Recyclingquote steigt in der Bundesrepublik die Anzahl jener Menschen, die den Müll zwar sammeln, sich aber nicht von ihm trennen können. Haben sie vielleicht Angst, das Falsche in die richtige Tonne zu werfen? Schaffen sie es nicht rechtzeitig zum Wertstoffhof? Oder trifft hier deutsche Gründlichkeit auf deutsche Sammelwut, getreu dem Motto: Wenn wir etwas machen, dann richtig?
Fakt ist: Die eine oder andere deutsche Wohnung könnte einer mittelgroßen Müllverbrennungsanlage Konkurrenz machen. Etwa die des Herren, der in zwei Zimmern dreißigtausend Zeitungen gelagert hatte, jede einzelne im Computer erfasst. Vorbildlich! Oder die Vier-Zimmer-Bude einer siebzigjährigen Dame, die dort zwölf Tonnen Müll angesammelt hatte. Wenigstens nicht in der falschen Tonne!
Nicht untypisch auch der Fall eines meiner früheren Nachbarn, bei dem die Polizei unter anderem 200 benutzte Windeln fand. In welche Tonne hätten Sie die entsorgt? Biotonne? Restmülltonne? Oder doch gelber Sack? Sehen Sie! Bevor man da etwas falsch macht und die gebeutelte Umwelt unwiederbringlich schädigt, ist es besser, das ganze Zeug erst einmal für sich zu behalten.

Interessanterweise schätzen die Experten der Arbeitsgemeinschaft Psychosoziale Gesundheit, dass etwa zwei Prozent der Deutschen unter „Unordnung, Durcheinander und Desorganisation im Alltagsleben" leiden. Die spannende Frage: Sind das jetzt die zwei Prozent, die sich der Mülltrennung entziehen? Es würde vieles erklären.
Aber leider nicht alles. Denn unser Umgang mit Abfall hat längst die Sphäre des Privaten verlassen. In aller Öffentlichkeit müssen die Menschen in diesem Land beweisen, dass sie verantwortungsvoll mit Müll umzugehen wissen. Zum Beispiel am Bahnhof, wo sich jeden Tag hunderte Szenen wie jene abspielen, die ich Ihnen zum Abschluss dieses so wichtigen Kapitels erzählen will.
Ein Reisender hetzt zum Bahnsteig, das Ticket in der einen, die leere Pizzaverpackung in der anderen Hand. Noch 120 Sekunden, bis sein Zug geht. Viel für einen Messie (der würde die Packung mit nach Hause nehmen), wenig für unseren Protagonisten.
Er stoppt vor dem großen, silbernen Müllbehälter und geht hektisch um ihn herum. Papier, Verpackungen, Glas, Restmüll – für welches der vier Fächer soll er sich entscheiden? Nur eines kann unser Mann sicher ausschließen: Glas. Bleiben drei. Für Verpackung würde sprechen, dass es ja eine Pizza*verpackung* ist, für Papier der zugrunde liegende Rohstoff. Aber wird das Teil durch die Pizzareste nicht automatisch zu Restmüll?
Noch 20 Sekunden. Wenn er doch nur jemanden anrufen könnte! 15. Die Türen des Zuges schließen sich. 10 Sekunden … 5 Sekunden … Unser Mann entscheidet sich für Papier. Zu

spät! Der Zug fährt ohne ihn, weil er fast eine weitere halbe Minute braucht, um den Karton durch die viel zu schmale Öffnung zu drücken.

Wenigstens hatte er dadurch eine Stunde mehr Zeit, darüber nachzudenken, was er am Zielbahnhof mit der dann abgelaufenen Fahrkarte machen sollte. Eine Fahrkarte ist beschichtet, und beschichtetes Papier darf man doch nicht so einfach zu normalem …?

Oder doch?

Zurückgeben, bitte!

Um Müll gar nicht erst entstehen zu lassen, haben wir Deutschen das wahrscheinlich ausgeklügeltste Mehrwegsystem der Welt. Vor allem dem ehemaligen Bundesumweltminister Jürgen Trittin hat die Nation es zu verdanken, dass Flaschen und Dosen selbst dann etwas wert sind, wenn sie leer sind. Das ist der Hauptgrund, warum wir neben den oben hoffentlich hinreichend beschriebenen Müllsorten auch Leergut sammeln. Was daheim gerade noch so geht, weil man irgendwo im Keller oder auf dem Dachboden immer ein Plätzchen findet.
In Büroräumen hingegen wird das deutlich schwieriger. Einerseits werden Arbeitsmediziner nicht müde, auf die Bedeutung ausreichender Flüssigkeitszufuhr im Job hinzuweisen. Andererseits kommen die wenigsten Unternehmen ihrer Pflicht nach und stellen Raum für das dadurch produzierte Leergut zur Verfügung. Dem passionierten (Wasser-)Trinker bleibt meist nichts anderes übrig, als wertvollen Schrankplatz für olle PET-Flaschen zu opfern, wenn er nicht jeden Tag in der viel zu kurzen Mittagspause zum nächsten Supermarkt laufen will. Damit erklärt sich im Übrigen, warum viele deutsche Arbeitnehmer hinter den Aktenbergen auf ihren Schreibtischen kaum zu sehen sind. Das deutsche Pfandsystem ist schuld, denn das Leergut lässt dem Aktenordner keinen Schrankplatz mehr.
Einmal habe ich den Test bei Herrn Müller-Hohenstein gemacht, dessen Papierstapel größer und schiefer gewachsen wa-

ren als die Yuccapalme unserer Sekretärin. Und siehe da: In seinem Schrank fand ich Mineralwasserflaschen im Gegenwert eines durchschnittlichen Weihnachtsgelds. Herr Müller-Hohenstein nannte die Sammlung peinlich berührt seine „stille Reserve". Man wisse ja nie, bei der wirtschaftlichen Lage und so …
Ich überschlug im Kopf, wie lange er wohl brauchen würde, um die Flaschen in den Automaten im Supermarkt zu stecken, eine nach der anderen, und kam auf gut zwei Tage – vorausgesetzt, die Maschine würde jedes Etikett sofort erkennen. Was diese Maschinen normalerweise nicht tun. Aber wem sage ich das? Sie alle werden schon einmal kopfschüttelnd davorgestanden haben, während das Gerät eine Dose ausspuckte, die Sie vor genau zwei Tagen in genau diesem Laden gekauft haben. Stimmt's?
Richtig schlimm wird es am Automaten, wenn man als halbwegs normaler Flaschensammler hinter einem Profi steht. Ja, in Deutschland, einem der reichsten Länder dieser Erde, gibt es Menschen, die mehr oder weniger von Flaschenpfand leben beziehungsweise leben müssen. Sie können einem leidtun, die Männer und Frauen mit den kleinen Taschenlampen, mit denen sich sogar Bahnmülleimer gut ausleuchten lassen, und den großen IKEA-Tüten.
Spätestens seit Trittins Dosengesetz haben sie die großen Städte endgültig unter sich aufgeteilt. Die Mächtigen beherrschen die Gebiete rund um die Bahnhöfe, die Emporkömmlinge arbeiten sich im Umfeld der Einkaufszentren ab. Die Könige des Leerguts sind all jene, die sich rund um Fußballstadien selbstständig gemacht haben. Ich persönlich

werde das Gefühl nicht los, dass wir das Flaschenverbot bei Bundesligaspielen vor allem der Pfandmafia zu verdanken haben. Ist sie es nicht auch, die am stärksten von den strengen Flüssigkeitsvorschriften an Flughäfen profitiert?

Denken Sie einmal darüber nach und machen Sie sich dabei ruhigen Gewissens eine Dose Bier auf. Ja, es gibt sie noch, die kleinen Büchsen, ein deutsches Symbol sind sie sowieso geblieben. Zwar brachen die Umsätze der Dosenhersteller nach der Einführung des Dosenpfands innerhalb kürzester Zeit um 95 Prozent ein, doch die Firmen schalteten fast genauso schnell auf den Export um. Das Ergebnis: Heute werden nur in Großbritannien mehr Dosen produziert als in Deutschland, und in den Regalen der großen Supermarktketten stehen sie sowieso längst wieder.

Ihr Comeback hat indirekt auch mit Jürgen Trittin zu tun. Dank seines Gesetzes ist die Recyclingquote, und nur die zählt in der Müllverwertungsrepublik, nämlich auf unglaubliche 96 Prozent gestiegen. Damit kann die Dose es locker mit jenen Mehrwegflaschen aufnehmen, die bis zu 300 Kilometer durchs Land gefahren werden, nur um vier Mal gereinigt zu werden.

Deutschlands Perlen

Nach der Lektüre der bisherigen Kapitel könnte man vielleicht denken, dass wir Deutschen tatsächlich ein sauberes Volk sind, wie es uns seit Jahrzehnten nachgesagt wird: gründlich, pünktlich, reinlich, ordentlich, deutsch. Das klingt wenig liebenswert, wäre aber auch nichts, wofür wir uns schämen müssten – wenn es denn stimmen würde. Tut es aber nicht, und ein aufklärerisches Buch wie dieses muss den Mut haben, das offen anzusprechen.
Beginnen wir mit der Sauberkeit. Natürlich wäre es unredlich bis falsch, deutschen Haushalten eine gewisse Gepflegtheit abzusprechen. Die meisten Wohnstuben sind heute beinahe so heimelig wie in den Wirtschaftswunderjahren. Schränke werden regelmäßig ausgewischt, Teppiche geklopft und Klobürsten alle halbe Jahre gewechselt. Die Bewohner selbst haben damit allerdings in der Regel wenig zu tun. Die angeblich so sauberen Deutschen beschäftigen für die Reinlichkeit ihrer vier Wände ein unsichtbares Heer von Putzfrauen, die mehrheitlich aus dem Ausland stammen. Unsichtbar deshalb, weil sich die meisten in keiner offiziellen Statistik finden lassen und ihre kargen Stundenlöhne sauber am Finanzamt vorbei erhalten.
So detailverliebt und oberkorrekt die Deutschen beim Mülltrennen sind, so wenig genau nehmen sie es mit der Bezahlung sogenannter haushaltsnaher Dienstleistungen. Es ist leichter, ein Stück Papier in der Restmülltonne zu finden als eine Putzhilfe, die auf Rechnung arbeitet. Überhaupt

gehört die Suche nach einer „Perle" – der Name suggeriert es schon – zu den letzten großen Abenteuern unserer Zeit. Sagen wir es, wie es ist: In Städten wie Hamburg oder München findet man eher eine bezahlbare Wohnung als eine Putzhilfe für selbige.
Meine Frau und ich hatten genau anderthalb Jahre beides. Jolanda stammte aus Polen, nahm zwölf Euro die Stunde und gab uns eine Quittung für die Steuer. Das ist wie ein Sechser im Lotto, mit Zusatzzahl! Entsprechend erschüttert waren wir, als sie ausgerechnet am Heiligen Abend 2010 ihren Dienst mit einer kurzen SMS quittierte: „Komme nix mehr. Ausgebrannt." Wir ärgerten uns, dass wir Jolanda an so viele Freunde weiterempfohlen hatten, die sie offenbar in ihren überdimensionierten Wohnungen verheizt hatten. Wenigstens kündigte sie nach und nach auch bei denen …
Die Suche nach einer Ersatzfrau war eine Qual. Kandidatin Nummer eins stammte aus der Ukraine und kam fünf Wochen nach Jolandas Demission zum Probeputzen in unsere Wohnung, die nach der langen perlenlosen Zeit furchtbar aussah. Sie leistete ganze Arbeit, und es wäre alles bestens gewesen, wenn sie die Fenster im Wohnzimmer nicht offen gelassen und irgendein hungriges Tier (wir vermuten, es war ein Eichhörnchen) das als Einladung verstanden hätte. Nur den Fernseher hatte es nicht umgeschmissen oder angenagt. Als wir die junge Dame am Telefon vorsichtig auf das kleine Versäumnis und möglichen Schadenersatz ansprachen, legte sie einfach auf.
Die Kandidatinnen zwei, drei und vier erschienen nicht zum vereinbarten Termin. Nummer fünf brachte ihre Familie, Nummer sechs ihre beiden Hunde mit. Nummer sieben war

wie Jolanda aus Polen. Sie putze nur halb so gut, aber das war uns egal. Wir gaben ihr den Wohnungsschlüssel und verabredeten, nach dem zweiten Termin endgültig über die Art der Bezahlung zu sprechen. Sie wollte ihr Geld schwarz, wir wollten die gewohnte Quittung und dachten, uns irgendwie einigen zu können. Von wegen. Wir erhielten die nächste Putzfrauen-SMS: „Entweder schwarz oder gar nicht. Sonst Schlüssel im Briefkasten." Dort fanden wir ihn am nächsten Tag.
Wir gaben auf und unterschrieben bei einer deutschen Reinigungsfirma. Die ist zwar schweineteuer, garantiert aber, dass immer irgendjemand zum vereinbarten Zeitpunkt die Wohnung sauber macht. Nicht so gut wie Jolanda, aber damit war zu rechnen. Ausgerechnet deutsche Putzfrauen haben in der Szene keinen besonderen Ruf. „Können nur ein Sache gut: Pause machen", hatte Jolanda einmal gesagt, und die musste es wissen.
In unserem Freundeskreis sind wir nun die Einzigen, die keine Putzhilfe mit Migrationshintergrund haben. Es gehört zu den großen Rätseln der Republik, dass wir Deutsche Einwanderern grundsätzlich misstrauen, ausländischen Putzfrauen aber von heute auf morgen sämtliche Wohnungsschlüssel aushändigen. Normalerweise übrigens, ohne sich eine Adresse geben oder einen Ausweis zeigen zu lassen. Es reicht die Empfehlung aus dem Nachbar- oder Freundeskreis, schon hat sie Zugang zu den größten Häusern und teuersten Wohnungen. Was sie mit wem dort wie lange macht – wer weiß das schon? Die Deutschen haben sich angewöhnt, wenig bei Dienstleistungen nachzufragen, die zwischen acht und

zwölf Euro in der Stunde kosten. Aufenthaltsgenehmigung, Arbeitserlaubnis, Kranken- und Sozialversicherung? Wird schon alles seine Richtigkeit haben.
Wobei es manchmal interessant sein kann, seine Putzfrau etwas besser zu kennen. Dann wundert man sich – wie in unserem Fall – vielleicht weniger über die abschätzigen Blicke der Nachbarin, die von ihrem Balkon freie Sicht auf unser Wohnzimmer hatte. Im Sommer bekam sie dort alle zwei Wochen eine fremde Frau zu sehen, die beim Staubsaugen nichts außer einem Slip trug. Jolanda machte das aber nur, wenn es richtig, richtig heiß war, und extra berechnet hat sie es uns auch nicht.

Pünktlichkeit ist eine Zier …

Während sich die Legende von der deutschen Sauberkeit dank illegaler ausländischer Putzkräfte wenigstens nach außen aufrechterhalten lässt, ist die Sache mit der Pünktlichkeit schon schwieriger. Mag ja sein, dass die preußischen Tugenden zwischen dem Ersten und dem Zweiten Weltkrieg nachwirkten, und meinetwegen in den aufgeräumten Fünfziger- und Sechzigerjahren. Vielleicht ist man bei uns auch im Vergleich zu dem einen oder anderen afrikanischen Land pünktlich, wo man bei Verabredungen nicht darauf achtet, wann *genau*, sondern ob *überhaupt* jemand am verabredeten Tag kommt.

Ansonsten haben wir jedes Zeitgefühl verloren. Nur noch 18 Prozent der Deutschen legen Wert auf Pünktlichkeit, mehr als jedem zweiten sind Verspätungen zwischen 5 und 15 Minuten völlig egal. Das ist zumindest innerhalb Europas ein Tiefstwert. Im Durchschnitt halten vier von zehn Europäern Pünktlichkeit für wichtig. 25 Prozent erwarten gar, dass zum Essen eingeladene Gäste zu früh kommen.[1]

Das praktizieren in der Bundesrepublik, wenn überhaupt, nur Schwiegereltern und der eine oder andere überforderte Mann (Entschuldigung, ab jetzt lasse ich solche zweideutigen Anspielungen, versprochen!). Der Rest erscheint, wann er Lust hat. Lehrer ärgern sich längst nicht mehr, wenn ihre Schüler kleckerweise zum Unterricht eintreffen, und in den meisten Firmen ist es ähnlich, denn dort gilt Gleitzeit. Wer einen Arzt

---

1 Studie der Gesellschaft für Konsumforschung 2006.

besucht, nimmt sicherheitshalber ein Buch mit, gern Marcel Prousts *Auf der Suche nach der verlorenen Zeit* mit seinen mehr als 4000 Seiten. Lediglich Privatversicherten gelingt es hin und wieder, den vereinbarten und den tatsächlichen Arzttermin in Übereinstimmung zu bringen. Liebe Privilegierte, wussten Sie eigentlich, dass es in den meisten Arztpraxen Wartezimmer gibt? Schauen Sie beim nächsten Besuch einfach mal rein und wundern sich bitte nicht über Menschen, die Zahnbürsten und Rasierer mithaben: Man weiß als gesetzlich Versicherter nie, wie lange das dauert.
Das gilt auch für die Bearbeitung von Steuererklärungen, die sich der christlichen Zeitrechnung inzwischen entzogen hat. Meinen Bescheid für 2008 habe ich im Frühjahr 2010 bekommen, und zwar exakt an dem Tag, an dem ich meine Steuerklärung für 2009 abgegeben hatte. Wenn ich überlege, was ich mit den zu viel gezahlten Steuern alles hätte machen können ... Allein der Deutsche Aktienindex, kurz Dax, ist in diesem Zeitraum um mehr als 50 Prozent gestiegen. Ich könnte ein reicher Mann sein, wenn das Finanzamt ein einziges Mal pünktlich gewesen wäre.
Aber das sind in Deutschland nicht einmal die Handwerker. Hamburgs neues Wahrzeichen, die Elbphilharmonie, sollte planmäßig im Jahr 2010 fertig sein, inzwischen rechnet man mit 2013. Oder war es 2015? Die Eröffnung des Bahnhofs Stuttgart 21 wird, nach dann gut 30 Jahren Vorbereitungszeit, für Dezember 2019 erwartet, zumindest von der Deutschen Bahn.
Und das sind nur die größten Baustellen.
Wir haben uns inzwischen so sehr mit der Unpünktlichkeit arrangiert, dass ein Gastgeber überrascht wäre, wenn zur

Party abends um acht Uhr tatsächlich jemand erschiene. „Beginn 20 Uhr" bedeutet in der Realität zehn bis elf. Wenn es heißt: „Um 21 Uhr", erscheinen die Gäste für gewöhnlich zwischen zehn und halb elf. Am besten ist es also, eine Party gleich abends um elf beginnen zu lassen. Dann dürften die meisten pünktlich sein, denn sonst bliebe kaum noch Zeit zum Feiern.
Damit wir uns nicht falsch verstehen: Ich will niemandem, auch den Deutschen nicht, unterstellen, absichtlich unpünktlich zu sein. Wenn ein ganzes Land sich dem Zuspätkommen unterworfen hat, kann der Einzelne dagegen kaum etwas tun. Womit wir bei dem Unternehmen wären, das unsere Urtugend Pünktlichkeit Zug um Zug demontiert hat.
Die Deutsche Bahn wird zwar nicht müde zu behaupten, dass mehr als 90 Prozent ihrer Züge pünktlich sind. Wenn man Fahrplanabweichungen von 5 bis 200 Minuten nicht ignoriert und sich ansonsten nach der mitteleuropäischen Sommerzeit richtet, kommt man jedoch zu anderen Ergebnissen. Ich habe, auch für dieses Buch, im Jahr 2010 damit begonnen, die Verspätungen während meiner Bahnfahrten zu dokumentieren. Nach 50 Fahrten hatte ich keine Lust mehr und meinen Zielbahnhof nur dreimal fahrplanmäßig erreicht – oder wie das in der Bahnsprache so schön heißt.
Wenn Sie sich gefragt haben sollten, warum ich in diesem Jahr so viele Bücher geschrieben habe, wissen Sie jetzt die Antwort: Ich schreibe grundsätzlich nur auf Bahnfahrten. Und die reichen in meinem Fall locker für zwei Sachbücher und einen 300-seitigen Roman. Sollten Sie bisher nur *Reinlich & kleinlich?!* aus meiner extrem produktiven Bahn-

fahrerphase erworben haben, wäre jetzt die richtige Zeit, um beispielsweise auf die Amazon-Website zu gehen und ... Aber ich will Sie nicht zu Ihrem Glück zwingen ☺.
Wer zu spät bestellt, den bestraft bekanntermaßen sowieso das Lesen, äh, Leben.

Alle reden vom Wetter – Wir nicht.

Bleiben wir beim Thema. Die Älteren unter uns werden sich vielleicht erinnern: Die Bahn war früher einmal das Ebenbild deutscher Pünktlich-, Sauber- und Gründlichkeit. Schaffner waren Respektspersonen, und wehe dem, der auf den gefürchteten „Die Fahrkarten bitte!"-Appell nicht sofort reagierte. Er musste damit rechnen, an der nächsten Station ausgesetzt zu werden. Das passiert heute nur in Ausnahmefällen, etwa wenn ein kleines Mädchen vergessen hat, eine Fahrkarte zu kaufen. Es wird dem Kind sicher eine Lehre sein, wenn es mutterseelenallein am frühen Abend auf einem fremden Bahnsteig steht und dem am Horizont verschwindenden Zug nachsieht. Früh übt sich, wer ein ordentlicher Fahrgast werden will!

Wir Deutschen hatten also Respekt zu und Vertrauen in unsere Bahn und könnten bis heute über den einen oder anderen missgelaunten Schaffner hinwegsehen. Wenn da nicht dieses Tarifsystem wäre, das in seiner Komplexität und Unverständlichkeit einzig vom deutschen Steuerrecht übertroffen wird. Und die Zugtoiletten, die entweder gesperrt oder defekt oder dreckig oder alles zusammen sind. Und das Licht, das mal geht und mal nicht. Und ausgefallene Reservierungsanzeigen, nicht zu öffnende Türen, Ersatzzüge, geschlossene Bordbistros, kaputte Heizungen, stotternde Klimaanlagen …

Es ließen sich lange Bücher über das zerrüttete Verhältnis der Deutschen zur Bahn schreiben, und die, die es gibt, sind Bestseller. *Senk ju vor träwelling* ist so eines, in dem es unter

anderem, der Titel deutet es an, um die Fremdsprachenkenntnisse der Bahnmitarbeiter geht. Inzwischen sind deren englische Durchsagen das Einzige, was an einer Fahrt manchmal so richtig Spaß macht. Herrlich, wenn das „th" klingt, als hätte der Durchsagende ein Büschel Haare im Mund, wunderbar, wenn aus „three" „tree" wird.
Wer denkt, die Damen und Herren könnten es nicht besser, irrt übrigens: Das falsche Englisch gehört selbstverständlich zur „Alles wird gut"-Strategie des Konzerns. Die Idee dahinter: Je mehr Schwierigkeiten ausländische Fahrgäste haben, die Hinweise zu den nächsten Bahnhöfen und die Umsteigemöglichkeiten zu verstehen, desto eher überhören sie, dass ihr ICE/IC/Regionalexpress nie rechtzeitig ankommen wird. Ein geschickter Zug!
Weniger klug war es, dass die Bahn sich anno 1966 für den Werbeslogan „Alle reden vom Wetter – Wir nicht." entschied. Damals konnten die Verantwortlichen natürlich nicht ahnen, dass die größten Widersacher des Unternehmens in Zukunft nicht mehr das Auto und das Flugzeug, sondern die Jahreszeiten sein würden. Genauer gesagt: Sommer und Winter. Wer wäre allen Ernstes auf die Idee gekommen, dass Hitze und Kälte, also zwei nicht unbedingt seltene Wetterphänomene, der Deutschen Bahn den Garaus machen würden? Taten sie aber.
Besonders betroffen waren jene 27 Menschen, die im kurzen, heißen Sommer 2010 auf der Strecke zwischen Hannover und Bielefeld unterwegs waren: Sie kollabierten, weil die Klimaanlage ausgefallen war. Insgesamt wurden in wenigen Wochen 23 000 Hitzeopfer der Deutschen Bahn registriert.

Selbst die Anzeigetafeln in den Bahnhöfen gerieten an ihre Belastungsgrenze. Neben den obligatorischen Verspätungen, Betriebsstörungen und fehlenden Zugteilen mussten sie jetzt auch noch anzeigen, in welchen Wagen die Klimaanlagen nicht funktionierten. Im günstigsten Fall ließen sich dort auch gleich die Türen nicht öffnen …
Und als hätte die Bahn gewusst, dass ich wenige Monate später mit den Arbeiten an diesem Buch beginnen würde, spendierte sie auch mir eine Hitzefahrt.
Ich kam aus Köln und hatte mit großer Mühe ein Abteil gefunden, in dem es nicht ganz so warm war – zumindest im Vergleich zu den anderen. Als die Zugbegleiterin erschien und mein Gegenüber sich über die unerträglichen Temperaturen beschwerte, sagte sie nur: „Sie müssten mal in einem der anderen Wagen sein. Dagegen ist das hier ein Kühlhaus."
Wir fühlten uns privilegiert, zogen Sakkos und Schuhe aus, tranken die mitgebrachten Getränke und hatten die Hoffnung, mit einer kaum nennenswerten Verspätung von 20 Minuten in Hamburg anzukommen. Bis, ja bis der Zug genau zwischen zwei Bahnhöfen stehen blieb und dann der Rest der Klimaanlage auch noch ausfiel. Draußen waren 34 Grad, drinnen bald mehr. Selbstverständlich waren die Kaltgetränke im Bistro ausverkauft, und selbstverständlich war es strengstens verboten, eine der Türen zu öffnen. Als mein Nachbar zur Vorbeugung eines drohenden Erstickungsanfalls trotzdem einfach die nächstbeste Tür aufriss, war die Zugbegleiterin nicht mehr zu halten. Ob er wahnsinnig geworden sei, schrie sie und machte die Tür wieder zu. Das sei lebensgefährlich! Er, sie, wir alle könnten von

einem vorbeirasenden Zug erst angesogen und dann mitgerissen werden.
„Wenigstens bekämen wir dann wieder Luft!", schrien wir zurück.
Das war im Sommer.
Im Winter gab es das gleiche Spiel noch mal. Nun war es – ein Wunder! – kalt, und statt der Klimaanlage fiel die Heizung aus. Weil ich dieses Mal, das nächste Wunder, nicht dabei war, muss ich auf die Schilderungen einer lokalen Tageszeitung, des *Weser-Kuriers* aus Bremen, zurückgreifen. Dort hieß es: „Wegen eines Stromausfalls waren Reisende in einem Regionalexpress zwischen Hamburg und Lübeck stundenlang eingeschlossen. (…) Als die Batterien des Zuges gänzlich leer waren, saßen die Reisenden im Dunkeln in unbeheizten Abteilen. Durchsagen des Personals waren nicht mehr möglich. Aus Sicherheitsgründen blieben die Zugtüren geschlossen. Einige Fahrgäste hatten Panik, weinten, schlugen die Fenster ein, um aus dem Zug zu gelangen."[2]
Schließlich wurden sie von der Feuerwehr befreit und vom Katastrophenschutz in einer Turnhalle versorgt. „Die Bahn hat eigentlich nur zwei Probleme", war kurz darauf in einer anderen Zeitung zu lesen. „Sommer und Winter."
Was nun nicht heißt, dass im Frühling und Herbst alles reibungslos laufen würde und die Kunden sich entspannen könnten. Wenn die natürlichen Feinde Kälte und Hitze, Sonne und Eis ausfallen, bleibt immer noch die Betriebsstörung. Das ist vielleicht der umfassendste Sammelbegriff

---

2 *Weser-Kurier, 18.12. 2010.*

in der neueren deutschen Geschichte, und es würde mich nicht wundern, wenn demnächst ein Lexikon „Betriebsstörung – Deutsch, Deutsch – Betriebsstörung" erschiene. Es ist erstaunlich, was sich hinter diesem Wort alles verbirgt, das den Bahnmitarbeitern so flüssig von den Lippen geht wie sonst nur „Zurückbleiben, bitte!".
Lassen Sie mich deswegen zum Schluss dieses Kapitels eine kleine Betriebsstörungsgeschichte erzählen. Ich weiß, dass jeder von Ihnen mindestens eine weitere kennt, aber was Sie jetzt lesen, wird auch für Sie neu sein.
Es war einmal mehr auf dem Hamburger Hauptbahnhof. Die automatische Stimme quakte etwas von Verspätung wegen einer *Betriebsstörung*, und weil es warm war (aber nicht so warm, dass die Klimaanlagen auszufallen drohten), war ich aus meinem Waggon wieder ausgestiegen und hatte mich an den Bahnsteig gestellt. Mir war langweilig, und auf die in meinem Abteil bereits entbrannten „Die Bahn mal wieder"-Dialoge hatte ich keine Lust.
So stand ich also am Gleis 14, sah auf der Anzeigetafel eine Verspätung von 10 Minuten aufblinken, obwohl wir schon vor 15 Minuten hätten losfahren müssen, und fragte mich, warum es eigentlich keine TV-Show zum Thema Bahn und Betriebsstörungen gab. Ein paar Titel wären mir auf Anhieb eingefallen: „Winter in vollen Zügen" oder „Wagentausch" oder „Deutschland sucht den pünktlichen IC".
Ich war so in Gedanken versunken, dass mich fast ein Mann umgerannt hätte, der wie ein Irrer auf den Triebwagen zurannte. Der Anfänger, dachte ich mir. Sieht er denn nicht, dass hier nichts geht?

„Da bist du ja, Heiner!", rief der Zugbegleiter, der wenige Meter hinter mir gestanden und den Wartenden erklärt hatte, dass etwas mit der Lokomotive nicht stimme. „Wir haben uns schon Sorgen gemacht."
„Scheiße", sagte Heiner. „Ich hab verschlafen. Sag's bloß niemandem, Rudi."
„Keine Sorge, mein Lieber, wir haben auf Betriebsstörung gemacht. Eine mehr oder weniger fällt eh nicht auf. Und irgendwie war ja auch was mit dem Triebwagen nicht in Ordnung."
Wohl wahr: Der Lokführer fehlte.

Wenn erwachsene Menschen Automaten anschreien

Von der Bahn zur nächsten deutschen Schwachstelle ist es nur ein kleiner Schritt: Wir Deutschen haben ein Problem mit Automaten.
Das beginnt bei der Post. Unvergessen, wie Herr Müller-Hohenstein sich für seine Steuererklärung eine 55-Cent-Briefmarke aus dem Automaten ziehen wollte, aber nur zwei Euro dabei hatte. Er schimpfte eine Woche lang darüber, dass die Maschine kein Wechselgeld, sondern den Restbetrag in weiteren Briefmarken ausgespuckt hatte. „So viele Steuererklärungen muss ich doch gar nicht mehr wegschicken!", jammerte Herr Müller-Hohenstein und gab erst wieder Ruhe, als unsere Sekretärin ihm die Marken abgekauft hatte. Seitdem stellt sich Herr Müller-Hohenstein bei der Post wieder in die Schlangen vor dem Schalter, auch wenn dabei die Mittagspause komplett draufgeht.
Zu gern würde ich Herrn Müller-Hohenstein einmal vor einem Geldautomaten erleben, aber er beteuert, dass er gar keine EC-Karte habe. Ist vielleicht besser so. Erst neulich habe ich wieder mit einer ansonsten rüstigen Endfünfzigerin gezittert, die in der Bank vor mir stand und bereits zweimal die falsche PIN eingegeben hatte. „Das kann doch nicht sein, ich habe alles richtig gemacht, das gibt es doch nicht!", murmelte sie, wissend, dass ihr nur noch ein Versuch blieb, bevor die Maschine unbarmherzig die EC-Karte einbehalten würde und sie den Rest des Wochenendes ohne Bargeld überstehen

müsste. Sie schickte ein Stoßgebet zum Himmel, ich nickte ihr aufmunternd zu, und mit bebenden Fingern drückte sie ein letztes Mal die Tasten. Die Maschine klang, als würde sie sich erbrechen, gab aber schließlich 150 Euro frei. „Seien Sie bloß vorsichtig", raunte mir die sichtlich erleichterte Frau zu, „mit dem Automaten stimmt etwas nicht."
Dieses Gefühl eint die Deutschen, seit sie ständig damit rechnen müssen, dass sich unter Service- und anderen Telefonnummern nicht mehr Menschen, sondern Maschinen melden. „Wenn Sie eine Frage zu bestehenden Kontoverbindungen haben, sagen Sie Kontoverbindung. Wenn Sie ein Konto eröffnen möchten, sagen Sie Kontoeröffnung. Wenn Sie sich für Geldanlagen interessieren, sagen Sie Geldanlagen. Wenn Sie mit einem unserer Sachbearbeiter verbunden werden wollen …" Manchmal klappt es, und nach mehreren Warteschleifen, Werbebotschaften und/oder klassischer Musik meldet sich der Mitarbeiter eines Callcenters, das seinen Sitz aus Kostengründen nach Rumänien verlegt hat. Die meisten Anrufer haben zu diesem Zeitpunkt entweder längst vergessen, was sie fragen wollten, oder der rumänische Mitarbeiter, der ursprünglich aus Indien stammt, versteht sie nicht.
Solche und hunderttausende andere Missgeschicke halten Deutschlands Dienstleister nicht davon ab, die Kundenbeziehungen weiter zu automatisieren. Wer heute bei einer Bank für eine Überweisung oder einen Dauerauftrag allen Ernstes an einen Schalter geht, muss damit rechnen, sofort den Dispo gekündigt zu bekommen. Der in einem anderen Kapitel ausführlich beschriebene Pfandautomat schert sich nicht darum, wenn man ihm geduldig erklärt, dass man die

Flasche wirklich in diesem Laden gekauft hat. Und ein großes schwedisches Möbelhaus testet inzwischen Kassen ohne Kassiererinnen. Die Kunden scannen ihre Produkte selbst ein, bevor sie selbst bezahlen und den ganzen Kram selbst zum Auto tragen, um ihn am Ende selbst zu Hause zusammenzubauen.

Ist das ausgeprägte Do-it-yourself-Bedürfnis der Deutschen der Grund für die um sich greifende Automatenkultur? Bereiten sich die Unternehmen nur auf die Folgen des demografischen Wandels vor, auf Zeiten, in denen es einfach nicht mehr genug Deutsche geben wird, um Kassenschalter zu besetzen? Oder will die Wirtschaft mit Hilfe der Maschinen verhindern, dass der Kunde das machen muss, was er am meisten hasst: sich anstellen und warten?

Letzteres ist der Bahn gründlich misslungen, und spätestens jetzt verstehen Sie, warum dieses Kapitel erneut mit unserem Lieblingsunternehmen begann. Ich habe nirgendwo sonst so viel Leid, Elend und tiefe Verzweiflung gesehen wie an Fahrkartenautomaten. Dabei haben es die Herren der Deutschen Bahn einmal mehr nur gut gemeint. Denn jahrzehntelang hatten sich die Kunden darüber beklagt, dass der Kauf einer Fahrkarte in den völlig überlaufenen Reisezentren fast so lange dauerte wie die Reise selbst. Doch als der Konzern endlich etwas dagegen tat, war es auch wieder nicht recht. Fluchend standen die Menschen nun vor Fahrkartenautomaten, die sie noch weniger verstanden als das Beförderungssystem. Sie druckten sich Fahrpläne aus, wenn sie Tickets benötigt hätten, und Tickets, wenn ein Fahrplan gereicht hätte. Sie nahmen den Beleg für ihre Einzahlung mit, nicht aber

den Fahrschein selbst. Sie vergaßen das Wechselgeld, die Bahncard, die Kreditkarte. Das Allerschlimmste war (und ist) aber, allein vor einem Bildschirm zu stehen, den Atem anderer Reisender im Nacken zu spüren und innerhalb weniger Minuten Dutzende von Entscheidungen treffen zu müssen: Abfahrtsbahnhof? Zielbahnhof? Ab sofort? Heute? Morgen? Nur hin? Oder auch zurück? Mit Bahncard? Und wenn ja: 25, 50? Platz reservieren? Großraum, Abteil? Gang? Fenster? Bezahlen: Bargeld, Kreditkarten, EC? Ein Albtraum.
Die Bahn tat, was sie konnte. Sie löste die Einheit von Fahrkartenbuchung und Fahrkartenzahlung auf. Für beides gab es zwischenzeitlich zwei Automatentypen, was das Chaos perfekt und menschliche Automatenerklärer nötig machte. Also nahm die Bahn die Aufteilung wieder zurück und ließ Geräte aufstellen, an deren Bedienungsweise sich selbst ein durchschnittlich begabter Passagier nach einigen Wochen Einarbeitung gewöhnen konnte. Eine Versöhnung zwischen Mensch und Maschine stand kurz bevor, als das Unternehmen von einem Tag auf den anderen und ohne Vorwarnung das komplette System erneut änderte. Nichts war mehr, wie es war. Auf einmal maßte sich der Automat sogar an, dem Fahrgast häufig genutzte Verbindungen zur Auswahl zu stellen.
In meinem Fall war das Hamburg-Weimar, eine Strecke, die ich in den vergangenen drei Jahren genau einmal zurückgelegt habe. Hamburg-Berlin, gefühlte 200 Mal bereist, tauchte dagegen in meinen Top-Fünf überhaupt nicht auf. Dafür fragt der Automat jetzt jedes Mal, ob ich einen Sitzplatz reservieren will, obwohl ich das noch nie gemacht habe.

Ich brauche inzwischen doppelt so lange für den Kauf einer Fahrtkarte wie beim alten System, bin der Bahn aber trotzdem dankbar für das neue. Denn dadurch sind so viele Fahrgäste abgeschreckt worden, dass sich die Wartezeiten vor den Automaten deutlich reduziert haben. Es sei denn, man hat einen renitenten 80-Jährigen vor sich, der selbst nach 20 gescheiterten Versuchen nicht bereit ist, den Platz vor dem Bildschirm zu räumen. Am Ende des Tages stellte aber auch er sich brav dort hin, wo in einer Automatenrepublik wie der deutschen eigentlich niemand mehr stehen sollte: in die Schlange vor den wenigen verbliebenen Schaltern, an deren Ende immer zu wenige Bahnmitarbeiter sitzen.
Nicht vergessen: Die Wartemarken gibt es an den kleinen Automaten am Eingang …

Mein Italiener, mein Grieche, mein Chinese

Wenn es ums Essen geht, sind die Deutschen ziemlich besitzergreifend, um nicht zu sagen kolonialistisch. Den Inhaber des netten Restaurants um die Ecke nennen sie „meinen Italiener" oder „meinen Griechen", und wehe, wenn der seine Gäste nicht auf landestypische Weise („Ciao, Karl-Heinz!") begrüßt und mit einem kostenlosen Digestif verabschiedet („Eine Ouzo auf Haus?"). Dann kann der Stammkunde schon mal demonstrativ die Rechnung nur bis zum nächsten vollen Betrag aufrunden, statt wie gewohnt satte zwei Euro Trinkgeld zu geben.

„Unser" Grieche muss so sein, wie wir uns einen Griechen vorstellen (also eine Mischung aus Sokrates, Alexis Sorbas und Otto Rehhagel); „unser" Chinese darf alles, nur nicht die Gerichte servieren, die er selbst normalerweise essen würde. Und „unser" Italiener? Von dem erwarten wir, dass er mindestens so gut aussieht wie Eros Ramazzotti und so lustig Deutsch spricht wie Giovanni Trapattoni. Capito? Alles andere sorgt für Irritationen, in der folgenden kleinen Geschichte zum Beispiel bei meiner Frau und mir.

Nachdem unser Stammitaliener trotz lauten Wehklagens und Protestbriefen der gesamten Kund- und Nachbarschaft beschlossen hatte, in das Dorf seiner Kindheit zurückzukehren, um dort seinen Lebensabend zu verbringen (er war noch nicht mal 75!), hatten wir nach mehreren Monaten Pastaentzug endlich ein neues Restaurant ausfindig gemacht. Drei Straßen weiter, etwas teurer, aber sehr, sehr gut.

Erleichtert gingen wir in der ersten Woche gleich drei Mal hin. Nach zwei Monaten begrüßte der Wirt uns mit Vornamen, nach dreien erhielten wir immer den gleichen Tisch. Wir hätten glücklich sein können, wenn die Sache mit der Sprache nicht gewesen wäre. „Unser" Italiener sprach ein breiteres Hamburgisch als ich, und das war eigentlich unmöglich.

„Ich glaube, der ist gar kein Italiener", flüsterte meine Frau mir zu, als sie einmal mehr ein sensationelles Thunfischsteak gegessen hatte.

„Was meinst du?", fragte ich, mit den Resten meines Gemüse-Risottos beschäftigt. Da war es schon zu spät. Meine Frau hatte unseren Italiener auf dem Rückweg in die Küche abgefangen. Sie hielt ihn am Ärmel fest, während sie die alles entscheidende Frage stellte: „Sag mal, Francesco, du bist gar kein Italiener, oder?"

Danach war die Hölle los. Francesco riss einen freien Stuhl vom Nachbartisch, setzte sich zwischen meine Frau und mich und sah uns an, als würde er uns am liebsten den Rest des Jahres zum Tellerspülen wegsperren.

Das sei wieder einmal typisch deutsch, schimpfte er los, und was uns einfallen würde. Ständig würden wir von den „lieben ausländischen Mitbürgerinnen und Mitbürgern" verlangen, dass sie sich integrieren, die deutsche Sprache sprechen und möglichst viel Steuern zahlen. Aber wehe, wenn der Kellner im Stammlokal nicht das Kauderwelsch brabbelt, unter dem wir uns Italienisch vorstellen. „Glaubt ihr echt, dass wir so sprechen? Wolle Grappa auffe Haus, mein Freund? Prego, Signori, Pasta alla Mario? Das machen wir nur, weil es in

eurem Folklore-Staat gut fürs Geschäft ist. Und weil ihr so leicht zu überzeugen seid. Der Koch kann den letzten Scheiß zusammenrühren, euch schmeckt's, wenn er einmal ‚Flasche leer' durch den Raum ruft."
Wir brauchten eine volle Flasche besten Rotweins, um Francesco zu beruhigen, und mussten schwören, niemals zu versuchen, mit ihm Italienisch zu sprechen. Weil er aus Sizilien stammt, und weil er wirklich so gut kocht wie niemand sonst in der näheren Umgebung, haben wir uns daran gehalten.
Wie groß die Bedeutung ausländischer Restaurants für das Leben in Deutschland insgesamt geworden ist, zeigt, dass es zu dem Thema sogar eine Habilitationsschrift gibt. Die Geschichtswissenschaftlerin Maren Möhring hat über das Thema *Ausländische Gastronomie in der Bundesrepublik Deutschland* geforscht und dabei unter anderem herausgefunden, was eigentlich aus der sogenannten Balkangastronomie geworden ist.
In den Siebzigerjahren war „der Jugoslawe" für „den Italiener" ein ernst zu nehmender Konkurrent. Dann löste sich nicht nur sein Heimatland in die Bestandteile auf, gleichzeitig verschwand auch das Interesse der Deutschen an den opulenten Fleischplatten. Die Bekanntheit der kroatischen und serbischen, aber auch der österreichischen und ungarischen Gerichte habe sich für die entsprechenden Restaurants spätestens in den Achtzigerjahren zu einem Nachteil entwickelt, hat Frau Möhring herausgefunden. Die Deutschen hatten genug von Küchen, die ihrer eigenen sehr nahekamen, sie wollten etwas Neues. Der Aufstieg von Spaniern, Thailändern, Japaner und Vietnamesen begann.

Die Befürchtungen der deutschen Gastronomen, von den ausländischen Restaurantbesitzern wenn nicht ver-, dann zumindest an den Rand gedrängt zu werden, haben sich längst bewahrheitet. Bestes Beispiel sind die rund 15 000 Dönerbuden, die es heute in Deutschland gibt. Sie strafen jeden Tag mit hunderten Tonnen verkauften Fleisches die Sarrazins unserer Zeit Lügen, die behaupten, Integration würde nicht funktionieren. In einer pappigen Brottasche geht das prima.

Getrennt (bitte)!

Gutes Benehmen fällt den Deutschen aus unerklärlichen Gründen nicht so leicht wie Pfandflaschensammeln, und leider werden sie nicht müde, das gerade bei Restaurantbesuchen immer wieder unter Beweis zu stellen.
Der hungrige Bundesbürger neigt, insbesondere mit zunehmendem Alter, dazu, die Bedienung ähnlich zu behandeln wie ein Offizier die jungen Soldaten in der Grundausbildung. Ein gebelltes „Wir würden gern bestellen!", kaum dass der Gast Platz genommen hat, ist noch die höflichste Form der Kontaktaufnahme. Nicht wenige belassen es bei einer drohenden Geste, einem kurzen Fingerschnippen oder dem unvermeidlichen „Fräulein/Ober!", und die Schlimmsten bellen dann kurze Befehle: „Zwei Bier, eine Cola ohne Eis, Wiener Schnitzel, Jäger, drei Mal Pommes, Apfelschorle!"
An dieser Stelle haben das Fräulein oder der Ober zu nicken und in die Küche zu verschwinden, damit dort auf der Stelle die Bestellungen abgearbeitet werden können. Denn im Hintergrund brüllt der penetrante Gast schon: „Wie lange dauert das noch? Wir haben nicht ewig Zeit!"
Rauschen das Fräulein oder der Ober zehn Minuten später mit heißen Tellern vollbepackt an, ist die Runde um den Oberbefehlshaber nicht wiederzuerkennen. Angesichts einer warmen Mahlzeit vergisst der Deutsche schon mal für einen Moment, was beziehungsweise wer er ist, und wenn ja, wie viele.
„Wiener Schnitzel?", fragt das Fräulein/der Ober.
„Das bin ich", sagt der Oberbefehlshaber.

„Jäger?"
„Das bin ich", sagt seine Frau.
„Pommes und Apfelschorle?"
„Das wird dann wohl unser Sohn sein", sagen beide, und endlich hat die Identifikation mit den Speisen kafkaeske Züge erreicht. Sollte es eine Beschwerde geben, wird das Fräulein/der Ober in der Küche melden: „Dem Schnitzel haben die Pommes nicht geschmeckt." Oder: „Die Pommes wollen noch mehr Ketchup." Und es wird zu Beschwerden kommen, weil es dem Deutschen ohne Beschwerde nun mal nicht schmeckt.
Im Idealfall gibt der Oberbefehlshaber sein Schnitzel, das „nun wirklich steinhart" ist, erst zurück, nachdem er bereits zwei Drittel aufgegessen hat. Der Sohn verbrennt sich am vorletzten Pommes die Finger, und der Frau wird übel, kurz bevor die Jägersoße zu Ende geht. Darauf verlangt der Oberbefehlshaber entweder eine neue Portion, die a) „endlich saftig", b) „nicht so heiß" und c) „aber diesmal frisch" sein soll. Oder er weigert sich, die Rechnung zu bezahlen.
Überhaupt – die Rechnung! Das ist für den Deutschen im Restaurant der Moment der Wahrheit, vor allem, wenn er mit Freunden, Verwandten oder Kollegen essen gegangen ist.
Menschen in anderen Ländern würden den Betrag wahrscheinlich durch die Zahl der am Tisch sitzenden Personen teilen. Den meisten Deutschen ist das zu einfach. Weil sie nur für das bezahlen wollen, was sie selbst gegessen und getrunken haben, ist es hier durchaus üblich, dass sich das Fräulein/ der Ober am Ende des Abends mit Bleistift und/oder

Taschenrechner an den Tisch setzt, um die Rechnung in ihre Einzelteile zu zerlegen. Meist mit dem Ergebnis, dass ein alkoholfreies Hefeweizen und eine Flasche stilles Mineralwasser übrig bleiben und an der Tafel so lange betretenes Schweigen herrscht, bis sich einer erbarmt, die Differenz zu übernehmen.

Mein peinlichstes „Wir würden gern getrennt zahlen"-Erlebnis hatte ich, natürlich, mit Herrn Müller-Hohenstein. Es war Weihnachten 2009, unsere Abteilung hatte sich nach Jahren endlich wieder zu einer gemeinsamen Julklapp-Feier aufgerafft. Der Chef hatte einen langen Tisch bei seinem Stammitaliener bestellt und die ersten beiden Getränkerunden spendiert. Alles, was danach kam, sollte jeder selbst bezahlen, das Essen sowieso.

Wir hatten einen netten Abend, teilten uns eine Flasche Wein nach der anderen, orderten Pasta-mista-Platten für zwei, vier und mehr Personen und waren um zwei Uhr durchweg betrunken. Das Betriebsklima hatte ungeahnte Temperaturen erreicht, der Chef seiner Sekretärin unter dem Tisch den Rock hochgeschoben und die neue Praktikantin mit Herrn Müller-Hohenstein Brüderschaft getrunken, Kuss (auf die Wange!) inklusive.

In diese Stimmung hinein wagte es der Wirt, auf seinen fälligen Feierabend hinzuweisen und mit einer Rechnung zu winken, die von ihrer Länge her problemlos als Klorolle durchgegangen wäre.

„Zusammen oder …?"

Bevor er „getrennt" sagen konnte, rief ich durch den ganzen Raum: „Zusammen!"

Die meisten Kollegen klopften auf den Tisch, wie es die Deutschen halt so machen, wenn sie nur eine Hand frei haben (oder wenn sie zur Begrüßung nicht allen die Hand geben wollen). Nur Herr Müller-Hohenstein erstarrte und wischte sich den Praktikantinnenlippenstift aus dem Gesicht.
Lallend brüllte ich: „Einer für alle, alle für einen, das ist unser Motto. Wer was dagegen hat, soll sich jetzt melden oder für immer schweigen!"
Wir haben das Lokal gegen kurz nach drei verlassen. Herr Müller-Hohenstein nahm seinen Arm erst herunter, als der Wirt auch bei ihm bis auf den Cent genau abgerechnet hatte. Das übrig gebliebene alkoholfreie Hefeweizen und die Flasche stilles Wasser musste der Chef bezahlen.

Das zahlen wir

Es ist interessant, wie sich die Deutschen verändern, je nachdem, ob sie allein oder als Gemeinschaft auftreten. Als Individuum tut sich der Bundesbürger – siehe oben und unten – relativ schwer, Geld auszugeben. Als Staat sind wir die Ersten, die die angeblich leeren Geldbörsen weit aufmachen. Wo immer ein Land, eine Währung oder einfach nur eine systemrelevante Bank zu retten ist, ist die Bundesrepublik schon da: Zur Seite, das machen wir!
Die Nation hat sich infolge ihrer Geschichte daran gewöhnt, zumindest in Europa den Zahlmeister zu spielen, auch wenn Wirtschaftsweise genau davor immer warnen.
Die große Schuld aus dem Ersten und Zweiten Weltkrieg hatte Deutschland zu einem noch größeren Schuldner gemacht. Die letzten Forderungen aus der sogenannten Urkatastrophe des 20. Jahrhunderts sind erst am 3. Oktober 2010, dem 20. Jahrestag der deutschen Einheit, verfallen. Bis zu diesem Zeitpunkt musste die wiedervereinte Republik für die Folgen des Ersten Weltkriegs zahlen.
Seitdem kann sie sich erstmals darauf konzentrieren, Länder zu retten, an deren Problemen sie keine Schuld hat. Griechenland zum Beispiel, Portugal, Spanien und Irland vielleicht. Pro Jahr pumpt die Bundesrepublik sowieso mehr als sechs Milliarden Euro in die Europäische Union. Um Partnerländer, die noch schlechter mit Geld umgehen können als man selbst, vor der endgültigen Insolvenz zu bewahren, kommen perspektivisch 120 Milliarden Euro dazu. So viel stellt Deutschland

an Garantien für den Euro-Krisenfonds zur Verfügung und damit auch zum Schutz eben der Währung, die der damalige Bundeskanzler Helmut Kohl unbedingt haben wollte.
Seiner Nach-Nachfolgerin Angela Merkel bleibt angeblich nichts anderes übrig. Die Rettung des Euro sei, wie so vieles andere, „alternativlos", pflegt sie zu sagen, weil beispielsweise eine Trennung in einen (starken) Nord- und einen (kaum wahrnehmbaren) Süd-Euro katastrophale Folgen für die deutsche Exportwirtschaft hätte. Die Griechen, Spanier und Portugiesen könnten sich dann wahrscheinlich nicht einmal eine Packung Schrauben Made in Germany leisten.
Deshalb zahlen wir, und weil es angesichts einer Staatsverschuldung von rund 2000 Milliarden Euro sowieso nicht drauf ankommt, hat der Bund in der Finanz- und Wirtschaftskrise 480 Milliarden Euro für das größte Hilfspaket in der Geschichte der Republik lockergemacht.
Sie, liebe Leserinnen und Leser, wissen natürlich, dass das Geld für die Ärmsten der Armen ist, für Menschen am Rande der Gesellschaft, für die Verspotteten und Ungeliebten.
Für die Banker eben.

Wir wollen die D-Mark zurück!

Nach der Lektüre einiger der vorangegangenen Kapitel könnte man meinen, die Deutschen hätten ein gestörtes Verhältnis zum Geld. Doch das war nicht immer so. Es gab eine Zeit, in der die Menschen in diesem Land ihre Währung liebten, und die ist gar nicht so lange her. Was waren wir alle stolz auf die D-Mark, die härteste Währung von allen, der Beweis für das Wiedererstarken einer gerade noch am Boden liegenden Nation!
Die D-Mark war damals, was heute das Mülltrennen ist: der kleinste gemeinsame Nenner. Und selbstverständlich war das Erste, was die Menschen aus Ostdeutschland von jenen aus dem Westen bei der Wiedervereinigung bekamen, ein Bündel nagelneuer Scheine. Das „Begrüßungsgeld" war beinahe so wichtig wie das frische Obst, das davon gekauft wurde.
Ja, die Deutschen lebten gut mit ihrer D-Mark, und sie herzten sie dafür. Das nicht besonders ansehnliche Zehnpfennigstück wurde zärtlich „Groschen" genannt, die Fünfmarkmünze hieß „Heiermann", die größeren Scheine „Zehner", „Zwanni" und „Hunni". Für uns waren sie wie Freunde, je mehr, desto besser, und selbstverständlich freuten wir uns wie kleine Kinder, wenn wir einen Pfennig auf der Straße fanden. Das brachte Glück! Wer den Pfennig nicht ehrt, ist des Talers nicht wert! Mit zehnmal Bücken hatte man schließlich schon einen Notgroschen zusammen.
Schöne, alte Zeit.

Dann kam ausgerechnet jener Bundeskanzler, dem wir die deutsche Einheit und damit eine deutliche Verbreiterung des D-Mark-Geltungsbereichs zu verdanken hatten, auf die Idee, die Erfolgswährung abzuschaffen. Die Älteren werden sich erinnern, auch an die großen Protestbewegungen gegen die Einführung des Euro. Sie nutzten alle nichts. Während andere Länder ihre Bürger darüber abstimmen ließen, ob sie ihr bisheriges, zum Teil wertloses Geld behalten oder neues haben wollten, entschieden in Deutschland einfach die Parlamente darüber. Das Ergebnis ist bekannt und gerade für die Ostdeutschen bitter: Innerhalb von neun Jahren mussten sie sich zum zweiten Mal an eine neue Währung gewöhnen. Was heißt hier gewöhnen? Gehören Sie nicht auch zu denen, die jahrelang, ach, seien wir ehrlich: bis heute von Euro in D-Mark umrechnen? Die sich selbst beim Kauf dieses Buches gefragt haben, ob das denn wirklich 25 D-Mark wert ist? Die es nicht fassen können, dass eine Tasse Kaffee inzwischen umgerechnet fünf Mark kostet? Und die *Bild*-Zeitung, sozusagen das Grundnahrungsmittel der deutschen Presseerzeugnisse, 60 Cent? War das nicht gerade noch der Preis in Pfennig gewesen?

Nein, wir haben die D-Mark nicht vergessen, und es rührt fast zu Tränen, wenn Obdachlose in deutschen Innenstädten fragen: „Haste mal ne Mark?", und die Supermarktkassiererin in der Brieftasche des stark sehbehinderten 90-Jährigen einen Glückspfennig findet!

Apropos finden: Jedes Jahr entdecken Zehntausende Deutsche in Kellern, auf Dachböden und unter Matratzen versteckte oder vergessene D-Mark-Bestände. 13,6 Milliarden

Mark soll es in Deutschlands Haushalten nach Angaben der Bundesbank noch geben, und man wird den Eindruck nicht los, dass das Land seinen Zahlungsverkehr von heute auf morgen wieder auf die geliebte Währung umstellen könnte. Zumal in Zeiten, in denen der Euro etwa so hart ist wie ein Stück Butter, das seit vier Stunden neben der heißen Herdplatte liegt.
Wer weiß, vielleicht werde auch ich eines Tages das kleine grüne Kästchen herausholen, in dem ich eine fast komplette D-Mark-Serie aufbewahre. Vom Pfennig bis zum 100-Mark-Schein ist alles dabei, gut verpackt, sicher abgeschlossen.
Den kleinen Schlüssel habe ich neulich durch Zufall beim Aufräumen gefunden. Jetzt muss mir nur noch einfallen, wo ich das grüne Kästchen hingetan habe …

Sparen ist unser Sex

Kennen Sie den? Ein Amerikaner, ein Italiener und ein Deutscher finden auf der Straße jeweils einen 100-Euro-Schein. Der Amerikaner läuft damit zur nächsten Bank, tauscht die Euros in Dollars um und nimmt einen Kredit auf, mit dem er sich endlich den superneuen, superteuren Fernseher kaufen kann. Der Italiener lädt in seiner Lieblingsbar zwei hübsche Frauen auf ein paar Drinks ein und nimmt eine (oder gleich alle beide) mit nach Hause, als das Geld ausgegeben ist.
Und der Deutsche? Der zahlt den 100-Euro-Schein brav auf sein Sparbuch ein, rechnet die anderthalb Prozent Zinsen, die er dort erhält, auf die nächsten 20 Jahre hoch und freut sich daran mindestens genauso, wie der Amerikaner sich über das neue Heimkino freut und der Italiener über hemmungslosen Sex.
Das Sparen ist den Deutschen eine Lust, in der sie – wie anlässlich des Weltspartags 2010 ermittelt wurde – nur von den Chinesen überboten werden. Das beginnt früh, wenn Sechsjährige schon die Hälfte ihres spärlichen Taschengelds ins Sparschwein stopfen, das sie von Oma und Opa geschenkt bekommen haben. Es geht weiter mit dem ersten „Mäusekonto", für das die Sparkasse mit außergewöhnlich hohen Zinsen lockt, und mündet in Bausparverträge, Lebensversicherungen und Riesterrenten. Ehe man es sich versieht, hat man mit Anfang 20 bereits sechs Vorsorgeverträge, wohnt aber noch bei Mutti. Immerhin spart man auf diese Weise die Miete.

Während sich andere Völker an schnödem Konsum erfreuen, kann sich der Deutsche offenbar an seinen Kontoständen erregen. Von 100 Euro legt er im Schnitt elf zurück. Das deutsche Sparvermögen hatte im Jahr 2010 den astronomischen Wert von 4,8 Billionen Euro erreicht, und trotzdem hielt jeder Bürger, wieder statistisch gesehen, jeden Monat weitere 68 Euro zurück.[3]

Was im Übrigen noch lange nicht genug ist: Wenn die Deutschen könnten, würden sie noch mehr sparen, sagen sie in verschiedenen Umfragen. Schließlich wisse man nie, was die Zukunft so bringe. Der Arbeitsplatz sei längst nicht mehr so sicher wie früher, die Rente sowieso nicht, die Inflation ziehe wieder an.

Und dann ist da noch diese typisch deutsche Sorge, dass auf einmal alles weg sein könnte. Die einen kennen dieses Gefühl noch ganz genau aus der Zeit der Währungsumstellungen und der Weltkriege. Die anderen haben einen Vorgeschmack darauf während der Krise der New Economy am Anfang des 21. Jahrhunderts oder während der Weltwirtschaftskrise 2009 bekommen.

Davor hatte es kurz so ausgesehen, als könne aus der Sparbuchrepublik ein Volk von Aktionären werden. Plötzlich hatten sich Hunderttausende von der sicheren Geldanlage ab- und (unter anderem) der T-Aktie zugewandt. Was waren das für Zeiten, als sich das sauer verdiente Geld auf einmal nicht mehr schneckengleich mit ein oder zwei Prozent im Jahr ver-

---

3 Wolfgang Dick: „Deutsche sparen aus Leidenschaft", Deutsche Welle, 29.10.2010.

zinste, sondern innerhalb weniger Monate verdoppelte oder verdreifachte! Die einst so vorsichtigen Sparer hatten sich verführen lassen, aus der Leidenschaft am Knausern war ein Rausch an der Rendite geworden. Er hielt, die meisten von Ihnen könnten es mit Zahlen belegen, nicht lange. Auf einmal war das Geld zwar nicht weg, aber es hatte leider ein anderer (alter Banker-Witz!).
Die Deutschen kehrten reumütig von den großen internationalen Banken zurück zu den Sparkassen. Heute liegt wieder ein Drittel ihres Vermögens auf Sparbüchern. Gerade einmal jeder fünfte Deutsche hat noch Geld in Aktien oder Investmentfonds, und nach den Erfahrungen aus der jüngsten Krise dürfte sich daran kaum etwas ändern.
Unvergessen, wie Bundeskanzlerin Angela Merkel an einem trüben Sonntag im Oktober 2008 vor die Fernsehkameras trat und jenen Satz sprach, der für den Sparer das Gleiche gewesen sein muss wie für den Italiener aus unserem obigen Beispiel ein Koitus interruptus: „Wir sagen den Sparerinnen und Sparern, dass ihre Einlagen sicher sind. Auch dafür steht die Bundesregierung ein", erklärte die Kanzlerin und löste damit Angst und Chaos aus.
Herr Müller-Hohenstein kam am nächsten Tag anderthalb Stunden zu spät zur Arbeit, weil er sein gesamtes Vermögen abgehoben hatte. Zwei Wochen später hatte er die Hälfte davon in Gold anlegt, weil die Experten nicht nur den Untergang der Welt, sondern vor allem eine baldige Abwertung des Euro vorhersagten.
Die Münzen, angeblich zwei Säcke voll, muss Herr Müller-Hohenstein bis heute irgendwo in seiner Wohnung versteckt

haben. Vielleicht im Kühlschrank, der angeblich seit vier Monaten defekt ist.
„Warum kaufen Sie sich nicht endlich einen neuen?", fragte ich Herrn Müller-Hohenstein, als er sich zum hundertsten Mal darüber beklagte, dass die Milch umgekippt sei.
Seine Antwort hätte ich eigentlich voraussagen können: „Wovon soll ich das denn bezahlen?"

Die Spendenweltmeister

Ach, der Herr Müller-Hohenstein. Auch er gehört natürlich zu denjenigen, die bis heute alles umrechnen. Und wie wir bereits gesehen haben und im Folgenden weiter sehen werden, spart auch Herr Müller-Hohenstein, wo er kann.
Unsere Firma nimmt seit Jahren teil an einer Aktion, die „Restpfennig" heißt (der fortbestehende Name ist ein weiterer Beweis für die Allgegenwart der D-Mark). Das Prinzip ist einfach: Die früheren Pfennig- und heutigen Cent-Beträge, die bei der Umwandlung des Brutto- ins Nettogehalt entstehen, werden den Mitarbeitern automatisch abgezogen, gesammelt und am Jahresende für einen guten Zweck verwendet.
Da es dabei maximal um einen Betrag von 13 Euro und 86 Cents gehen kann (14 Gehälter mal 99 Cents), machen alle Kollegen mit. Außer Herr Müller-Hohenstein. Das wusste niemand, bis ich, wie bereits beschrieben, aus Versehen seine Abrechnung in die Hände bekam. Hinter den 1845 Euro standen elf Cents, die sich Herr Müller-Hohenstein auf sein Konto bei der Sparkasse überweisen ließ.
Ich war erschüttert. Nicht wegen des Betrags, der den Erdbebenopfern in Haiti oder den Tsunamigeschädigten in Südostasien oder Japan nicht wirklich weitergeholfen hätte. Nein, die kleine Zahl nach dem Komma brachte mein Bild von Herrn Müller-Hohenstein als dem Menschen ins Wanken, der dem Durchschnittsdeutschen ganz, ganz nahe kommt. Wir Deutschen mögen zwar ungern bis gar nicht über Geld reden, und wir mögen sparsam sein. Aber eins

sind wir nicht: zurückhaltend, wenn es darum geht, Menschen in Not zu helfen.
Wir sind nämlich Weltmeister im Spenden, jedes Jahr geben wir laut Deutschem Spendenmonitor rund drei Milliarden Euro für wohltätige Zwecke aus. Wobei hier die goldene Regel, dass man über Geld nicht spricht, nur eingeschränkt gilt. Bei den großen Spendengalas im Fernsehen lassen sich Unternehmer und Topmanager sehr gern dabei filmen, wie sie Millionenbeträge für die gute Sache zur Verfügung stellen. Die lokalen Tageszeitungen sind voll von Scheckübergabe-Fotos, und ich würde wetten, dass es heute in Deutschlands Sparkassen mehr von den überdimensionalen Scheckformularen gibt als von den kleinen Originalen. Denn wer zahlt im Zeitalter des Onlinebanking noch per Scheck?
Die Heimatzeitung meiner Eltern hat deswegen, und weil der Chefredakteur nicht auf jeder Seite das gleiche Motiv sehen wollte, vor Kurzem ein Scheckübergabe-Fotoverbot erlassen. Die Reaktionen waren verheerend. Schützen- und Sportvereine, Kaninchenzüchter und Kindergärten drohten mit Abokündigungen, wenn die Redaktion ihre Entscheidung nicht rückgängig machen würde.
„Ohne die Scheckübergabe-Fotos in der Zeitung gibt es für Unternehmen keinen Grund mehr, uns etwas zu spenden", protestierte der Chef eines großen Fußballvereins auf der Leserbriefseite.
Ein anderer schrieb: „Ihre Entscheidung gefährdet unsere Zukunft. Warum soll jemand Kohle rausrücken, wenn niemand davon erfährt?"

Edle Motive sehen anders aus.

Dabei gibt es durchaus Menschen, die nicht in Zusammenhang mit ihren Spenden gebracht werden wollen. Die Welt der Politik funktioniert im Umgang mit Geld spiegelverkehrt zur sonstigen Realität. Während sich überall nachlesen lässt, was die Bundeskanzlerin und ihre Minister, was Ministerpräsidenten und Oberbürgermeister verdienen (und vor allem: wie wenig das ist im Vergleich zur freien Wirtschaft), haben weder die Parteien noch ihre Unterstützer Interesse daran, dass Zahl und Höhe ihrer Zuwendungen bekannt werden. Das kann so weit gehen, dass ein ehemaliger Bundeskanzler in einem der größten Spendenskandale der Republik nicht bereit war, die Namen der Geldgeber zu nennen.

Da lobe ich mir den TV-Moderator, der angeblich jedes Jahr mehr als ein Fünftel seiner Einnahmen für wohltätige Zwecke ausgibt. Weil er darum kein großes Aufheben machen möchte, soll das auch an dieser Stelle nicht geschehen. Zumal angesichts des deutschen Wohl-Stands die Wohl-Tätigkeit eine Selbstverständlichkeit sein sollte. Zumindest solange diese nicht ausgenutzt wird.

Zum Beispiel von einer älteren, grauhaarigen Dame, die zitternd vor einer Filiale der Deutschen Bank stand. Ich konnte nicht einfach so an ihr vorbeigehen, und heute weiß ich, dass sie auch nicht vorhatte, mich vorbeigehen zu lassen.

„Entschuldigen Sie, junger Mann?", fragte sie.

„Ja, bitte?", fragte ich zurück und blieb stehen.

„Es ist mir sehr unangenehm, und ich mache so etwas sonst nie. Aber könnten Sie mir vielleicht mit ein wenig Geld aushelfen?"

Bevor ich etwas erwidern konnte, erzählte sie von ihrer Tochter, von der sie am Vorabend aus dem eigenen Haus geworfen worden sei. Nun laufe sie seit Stunden verzweifelt durch die Stadt und wisse nicht, was sie tun solle. Ihre Geldbörse habe sie auch daheim vergessen, so dass sie sich nicht einmal eine Fahrkarte …
Da gab ich ihr 50 Euro. Die alte Dame schien ernsthaft gerührt, stammelte mehrfach „Danke!" und winkte mir nach, bis ich um die nächste Ecke verschwunden war.
Ich war sicher, etwas Gutes getan zu haben, und dachte, so etwas müsste man eigentlich viel öfter machen. Nicht nur mit Patenschaften in der Dritten Welt und Spenden für Menschen in Krisengebieten, sondern einfach mal so, bei uns!
Es war wirklich ein schönes Gefühl, das genau zwei Tage anhielt. Dann sah ich die Dame vor einer anderen Filiale der Deutschen Bank stehen …

Warum einfach,
wenn es auch umständlich geht?

Machen wir uns nichts vor: Die im vorigen Kapitel beschriebene Spendenbereitschaft der Deutschen korrespondiert mit der Möglichkeit, Ausgaben für wohltätige Zwecke vom zu versteuernden Einkommen abzuziehen.
Dies ist einer der – leider wenigen – guten Punkte eines Systems, über das mein Steuerberater sagt, dass er es selbst nie ganz verstehen wird. Aber Verständlichkeit scheint sowieso nicht Zweck der deutschen Steuergesetzgebung zu sein, die alles, was es zu dem Thema sonst in der Welt gibt, aussehen lässt wie einen Trabi neben einem Porsche Cayenne. Nun ist umstritten, ob tatsächlich die viel zitierten 80 Prozent der weltweiten Steuerliteratur in deutscher Sprache verfasst sind, oder ob es doch weniger ist. Fakt ist: An unsere Leistungen auf diesem Gebiet kommt kein anderes Land heran.
Warum einfach, wenn es auch umständlich geht? Auf nichts trifft dieser typisch deutsche Spruch derart zu wie auf unsere Steuergesetze. Wobei man Finanzbehörden und -politikern nicht den Vorwurf machen darf, sie würden das Steuerrecht aus bösem Willen bis zur Unkenntlichkeit verunstalten. Nein, eben *weil* die Damen und Herren wirklich jedem Steuerzahler und dessen Bedürfnissen gerecht werden wollen, muss es immer neue Sonderregelungen und Ausnahmen geben.
Dabei wäre es doch viel einfacher, wenn jeder pauschal einen festen Prozentsatz als Einkommenssteuer zahlen würde, zum Beispiel 25 Prozent. Dieser Vorschlag war wenige Wo-

chen vor einer Bundestagswahl dick als Schlagzeile auf der Titelseite der Zeitung zu lesen, die Herr Müller-Hohenstein gern zum Ende der Mittagspause im Büro liest.
„Gute Idee!", rief ich von meinem Schreibtisch zu ihm herüber.
„Was meinen Sie?", fragte Herr Müller-Hohenstein zurück, als er schließlich gemerkt hatte, dass ich ihn meinte.
„Das mit den 25 Prozent Einkommenssteuer!"
„Warum finden Sie, dass das eine gute Idee ist?", erwiderte Herr Müller-Hohenstein, den ich nun wirklich nicht im Verdacht hatte, ein Anhänger des deutschen Steuerrechts zu sein. Wenn die jährliche Steuererklärung anstand, die er, um Geld zu sparen, natürlich selbst machte, war er jedenfalls tagelang nicht ansprechbar.
„Ich meine, dass wir uns dann die Steuererklärungen und den ganzen Quatsch sparen könnten." Ich stand auf und ging von meinem Schreibtisch zu dem von Herrn Müller-Hohenstein. „Und jeder wüsste schon am Anfang des Jahres, wie viel Steuern er ungefähr bezahlen muss."
„Aber das ist doch ungerecht!", sagte Herr Müller-Hohenstein.
„Wieso ist das ungerecht?"
„Weil dann einer, der 10 000 Euro im Jahr verdient, genauso viel Steuern bezahlen würde wie einer, der 100 000 Euro bekommt."
Ich hätte zu diesem Zeitpunkt unseren Dialog abbrechen müssen, zumal es ein halbes Jahr her war, dass Herr Müller-Hohenstein von der Differenz zwischen seinem und meinem Gehalt erfahren hatte. Aber ich wollte einmal Überzeugungs-

arbeit leisten, also fuhr ich fort: „Das stimmt nicht, Herr Müller-Hohenstein. Natürlich zahlt der, der mehr verdient, auch mehr Steuern!"
„Wie kommen Sie darauf?", fragte Herr Müller-Hohenstein. „Die zahlen doch beide das Gleiche, beide 25 Prozent!"
„Ja, aber 25 Prozent von 10 000 Euro sind 2 500 Euro, und 20 Prozent von 100 000 Euro sind 25 000 Euro. Das heißt, der Besserverdienende zahlt zehnmal so viel Steuern wie …"
„Aber er verdient ja auch viel mehr!"
Wie gesagt, ich hätte aufgeben müssen, so wie Deutschlands Politiker aufgegeben haben. Unser Steuersystem ist nicht mehr zu retten, und deshalb wird es im Steuergesetzgebungsparadies Deutschland dabei bleiben, dass beim Kauf einer Flasche Ketchup der normale Mehrwertsteuersatz anfällt, bei dem einer Tube Tomatenmark dagegen nur der ermäßigte. Oder dass Adventskränze aus frischem Material mit sieben Prozent besteuert werden, solche aus getrockneten Pflanzen aber mit 19. Das gleiche Verhältnis gilt zwischen Haus- und Wildschweinen.
Das verstehen Sie nicht? Dann versuchen Sie es mit diesem entzückenden Auszug aus einer Mitteilung des von mir sehr geschätzten Deutschen Steuerberaterverbandes aus dem Jahr 2010, die nun wirklich keine Frage offen lässt:

„Keine Ist-Besteuerung für Freiberufler-GmbHs: Der BFH entschied in seinem Urteil vom 22.7.2010, dass Freiberufler-GmbHs mit buchführungspflichtigen Umsätzen nicht zur Versteuerung nach vereinnahmten Entgelten (Ist-Besteuerung) gemäß Paragraph 20 Abs. 1 Nr. UStG berechtigt sind.

Geklagt hatte eine Steuerberatungsgesellschaft in der Rechtsform einer GmbH, die ab dem Veranlagungszeitraum 2004 ihre Umsätze nach vereinnahmten Entgelten versteuern wollte. Die Klägerin sah sich in ihrem materiellen Recht verletzt, da sie durch die Versagung der Ist-Besteuerung gegenüber ausländischen Unternehmen, die Steuerberatungsleistungen im Inland anbieten, benachteiligt sei. Sie vertrat die Ansicht, dass Paragraph 20 Abs. 1 Nr. 3 UStG gegen Art. 3 Abs. 1 GG und die Gebote der Rechtsform- und Wettbewerbsneutralität, der Verhältnismäßigkeit und der Folgerichtigkeit verstoße."

Folgerichtig, oder?

Verkehrsbeeinflussungsanlagen

Deutsch gehört nicht direkt zu den Sprachen, die in der Welt als besonders melodiös empfunden werden. Schon ein einfaches „Guten Morgen! Sie wünschen bitte?" lässt den einen oder anderen Ausländer ob der ungewohnt harten Vokal-Konsonanten-Kombination zusammenzucken und an böse Zeiten denken. Wie das Französische etwas Libidinöses, so hat das Deutsche etwas Bestimmendes an sich. Unsere Sprache ist zum Befehlen und Knurren wie gemacht, und ansonsten für nicht in Deutschland, Österreich oder der Schweiz Geborene kaum zu verstehen.

Als würde das nicht reichen, bemühen sich die Beamten der Republik erfolgreich, das Deutsche noch sperriger werden zu lassen. In jahrzehntelanger, aufopferungsvoller Arbeit haben sie einen Dialekt geschaffen, der in etwa so schwer zu entschlüsseln ist wie Sächsisch.

Dem Behördendeutsch haben wir so wunderbare Wortschöpfungen wie „Spontanvegetation" (womit unkontrolliert sich ausbreitendes Unkraut gemeint ist) und „Fahrtrichtungsanzeiger" (für Blinker) zu verdanken. Ob es in anderen Sprachen auch einen Begriff wie „Verkehrsbeeinflussungsanlage" gibt? Oder ob die in Frankreich, Spanien und England dazu einfach „Ampel" sagen? Und was ist mit dem „Gelegenheitsverkehr", dem „Identitätsnachweis" und der gefürchteten „Überschreitung der Lärmpegelbemessungsgrundlage"? Sind das nicht viel bessere und vor allem eindeutigere Begriffe als „öffentlicher Nahverkehr", „Ausweis" und „Es ist viel zu laut"?

Unverständlich, dass allerorten Experten versuchen, unseren sprachgewaltigen Beamten eine andere Ausdrucksweise beizubringen, und Übersetzungen für Behördendeutsch entwickeln. So wie Wissenschaftler der Universität Bochum, die den Mut hatten, in den „Amtsstuben" aus „Fernsprechern" Telefone und aus „Ablichtungen" Kopien zu machen. Ja, sie gingen sogar so weit, direkte Arbeitsanweisungen an Bürger zu übersetzen. Aus „Bitte erhöhen Sie das Restmüllbehältervolumen entsprechend der Menge des tatsächlich regelmäßig anfallenden Abfalls von bisher 80 auf 120 Liter Gesamtvolumen!" wurde in Bochum folgender, in seiner Schlichtheit bestimmt gegen das Grundgesetz verstoßende Satz: „Bitte bestellen Sie einen größeren Restmüllbehälter!" Wenigstens sprechen die Beamtendeutsch-Zerstörer am Ende nicht noch von „Mülltonne".
Der „Restmüllbehälter" soll offenbar genauso erhalten bleiben wie all jene Worte, die öffentliche Stellen erfunden haben, um das Leben in Deutschland schöner und friedlicher zu machen. Zu diesem Zweck ist aus dem Knüppel, den Polizisten gegen Wutbürger im Anschlag haben, der „Mehrzweckeinsatzstock" geworden. Ein Jugendlicher, der kurz davor steht, kriminell zu werden, wird liebevoll „Schwellentäter" genannt. Die Warnung vor weiteren Delikten heißt „Gefährderansprache", eine Festnahme wird zur „Ingewahrsamnahme". Hört sich „Bereicherungsabsicht" nicht viel besser an als Diebstahl? Und nimmt eine „aufenthaltsbeendende Maßnahme" der Abschiebung von Asylbewerbern nicht den Schrecken? Allein für „lebenslange Haft" ist unseren Polizisten und Juristen noch kein netterer Begriff

eingefallen. Wie wäre es mit „Maximal-15-Jahre-Unterbringung"?
Solche Ratschläge braucht die Bahn, der Gralshüter der deutschen wie der englischen Sprache, natürlich nicht. Sie glänzt nicht nur mit „Abfahrauftraggeber", „Schienenersatzverkehr" und „Zustiegshalt", sondern auch mit der vorbildlichen Beschreibung eines Hilfsgeräts für Rollstuhlfahrer, nachzulesen an jedem beliebigen Hauptbahnhof der Republik: „Der Rollstuhllift ist ein ortsveränderlicher Hubtisch, der ausschließlich dazu bestimmt ist, behinderte Personen in einem Rollstuhl zu befördern."
Eleganter hätte es selbst der Steuerberaterverband nicht ausdrücken können.

Diese Denglichkeit kotzt einem an

Der schönste Leserbrief, den ich je in einer Zeitung gefunden habe, stammte von einem Peter Meier und beschäftigte sich mit der zunehmenden Verwendung von englischsprachigen Begriffen in deutschen Medien. Darüber regen sich viele Leser auf, aber keiner machte es so gut wie Herr Meier. Er schrieb: „Wann hören Sie endlich auf, uns diese englische Scheiße ins Gesicht zu schleudern? Diese Denglichkeit kotzt einem an!"
Zwei Sätze, die zwei der großen Probleme unserer Zeit auf den Punkt bringen: den Umgang mit der englischen Sprache und jenen mit der deutschen Grammatik. Herrn Meier gelang in wenigen Worten, wofür Bestsellerautor Bastian Sick in seinem Buch *Der Dativ ist dem Genitiv sein Tod* und folgende Hunderte von Seiten braucht. Sein Statement – Verzeihung: seine Erklärung – müsste Herrn Meier eigentlich den Ehrenvorsitz des Vereins für deutsche Sprache einbringen.
So oder so führt Herr Meier seinen Kampf gegen Denglisch – Verzeihung: gegen die Denglichkeit – nicht allein. In den Redaktionen nahezu aller deutschen Tageszeitungen gehen jeden Tag ungezählte Plädoyers für den unverfälschten Gebrauch der deutschen Sprache ein. Im ganzen Land suchen Saubermänner nach deutschen Begriffen, mit denen sich englische verdrängen lassen. Kann man nicht einfach „Klapprechner" statt Laptop sagen? „Kabellose Zwischennetzverbindung" statt W-Lan? „Schöner Schluss" statt Happy End? „Buntes Brettchen für den Schnee" statt Snowboard?

Yes, we can – Verzeihung: Ja, wir können! Wir müssen unsere Muttersprache, die Jean Paul die „Orgel unter den Sprachen" nannte, retten! Das dazu passende Lied trägt den Titel *Lasst uns stolz die deutsche Sprache sprechen!* und stammt von der A-cappella-Gruppe Lalelu. Die müsste zwar korrekterweise „Sprechgesang-Formation" heißen, aber ich bin trotzdem sehr dankbar, dass ich den Song(!) an dieser Stelle auszugsweise veröffentlichen darf.

Warum sagst du „Chill mal, Alter!!"
Warum nicht: Entspann dich mal!
Warum gehst du in die „Diskothek"?
statt ins Tanzlokal!!!

Warum heißt es No Angels –
für mich sind's keine Engel!
Der Gottschalk ist doch kein Sunnyboy
sondern ein sonniger Bengel!

Warum heißt es iPod
warum nicht kleines, weißes, tragbares Musikbeschallungsgerät?
Warum heißt es PC
Und nicht: „Rechner-für-Zuhause-der-immer-kaputtgeht"???

Und darum lasst uns stolz die deutsche Sprache sprechen
nicht auf Englisch radebrechen!
Wir wollen meckern und nicht kritisieren
Wir wollen anschwärzen, nicht denunzieren

Wir sind Benutzer, keine User
Wir sind Verlierer – keine Loser!

Ich möchte nen Kaffee zum Mitnehmen
und keinen „Coffee to go"
Ich möchte einen bunten Abend
und keine „Entertainment-Show"!

Ist das nicht cool, ich meine: herrlich? Und zeigt es nicht, dass sich für jedes noch so gebräuchliche englische Wort eine wunderbar klare deutsche Variante finden lässt? Überhaupt gibt es so viele schöne Begriffe in unserer Sprache: „Habseligkeiten", „Geborgenheit" und „Rhabarbermarmelade" sind in einer großen Umfrage zu den besten drei (deutsch für das neudeutsche Top Three) gewählt worden. Und erst der „Kindergarten", der es von Deutschland aus bis in den Sprachgebrauch der Amerikaner, Australier und Neuseeländer geschafft hat. Ja, Herr Meier, Sie lesen richtig: Im Englischen gibt es deutsche Wörter, „Angst" gehört übrigens auch dazu. Was sagen Sie? Ihretwegen können die Engländer ruhig Deutsch sprechen? Dann will ich Ihnen zum Schluss eine weitere Strophe von Lalelu nicht vorenthalten:

Wozu brauch ich nen „Escort-Service"
wenn ich ne Nutte haben kann
Ich bin bestimmt kein Lover
sondern ein stattlicher Mann!

Oder, Herr Meier?

Wer sich nicht wehrt, der lebt verkehrt

Die Italiener gestikulieren mit Händen und Füßen, die Türken schreien, die Araber drohen mit körperlicher Gewalt, wenn sie sich über etwas ärgern. Wir Deutschen sind da subtiler: Wir schreiben einen Beschwerdebrief.
Gut, wir können, zum Beispiel im Straßenverkehr, manchmal spontan ausfällig werden und sind auch sonst der einen oder anderen Pöbelei nicht abgeneigt. Nur bleiben darf es dabei eben nicht. Die Diskussion mit einem enttäuschten Deutschen mündet deshalb in den meisten Fällen in Sätzen wie: „Sie werden von mir/von meinem Anwalt hören!" – „In dieser Sache ist das letzte Wort noch nicht gesprochen!" – „Ich werde mich mit Ihrem Vorgesetzten in Verbindung setzen!" Oder, der Klassiker: „Ich werde mich an höchster Stelle über Sie beschweren."
Die „höchste Stelle" kann zum Beispiel die Europäische Union sein, die aus keinem Mitgliedsland mehr Beschwerdebriefe bekommt als aus der Bundesrepublik. Es können aber auch die Chefs der Deutschen Bahn oder der Telekom sein, oder gleich die Bundeskanzlerin. Manchmal veröffentlicht eine große deutsche Boulevardzeitung gar ein Beschwerdeformular, das man nur noch unterschreiben, ausschneiden und an die entsprechend anzuprangernde Stelle schicken muss. Diese Methode ist die einfachste und schnellste Variante, gefolgt von Musterbeschwerdebriefen zu verschiedenen Themen, die sich der Deutsche für drei Euro aus dem Internet herunterladen kann. Im Netz gibt es auch diverse Rat-

geber, wie ein Beschwerdebrief geschrieben werden muss, um erfolgreich zu sein. Dass einer der wichtigsten Tipps immer der ist, man solle sich nicht im Ton vergreifen, zeigt, dass die verärgerten Deutschen nicht weniger emotional sind als Italiener, Griechen oder Araber. Allein, sie zeigen es schriftlich.
Das liegt allerdings weniger daran, dass wir einmal das Land der Dichter und Denker waren und eine ausschließlich mündliche Konversation unter unserem kulturellen Niveau wäre. Nein, den Deutschen geht es darum, möglichst viel, am besten alles schwarz auf weiß zu haben. Mit jedem Blatt Papier sollen Fakten geschaffen werden, die man erstens abheften und auf die man sich zweitens im Verlauf eines weiteren Schriftverkehrs beziehen kann: „Wie ich bereits in meinem ersten Brief an Sie vom Januar dieses Jahres mitteilte ..."
Wer es richtig anstellt, bekommt auf diesem Weg eine dicke Akte für eine spätere gerichtliche Auseinandersetzung zusammen. Denn selbstverständlich schließt ein erfahrener Beschwerdebriefschreiber diese niemals aus. Eine Formulierung wie „Ich behalte mir juristische Schritte vor" gehört ans Ende eines jeden anständigen Beschwerdebriefs, so wie das berühmte „Im Übrigen bin ich der Meinung, dass Karthago zerstört werden muss" an den Schluss jeder Rede Catos.
Gern gedroht wird auch mit oben erwähnter Boulevardzeitung. Die hat längst ein eigenes Ressort eingerichtet, das sich für verärgerte und enttäuschte Leser einsetzt. Bei schlechtem Service in Hotels und Restaurants kann zudem neuerdings der Hinweis helfen, dass man seinem Unmut „auch auf einem der Bewertungsportale im Internet" Ausdruck verleihen könnte. „Ich sage nur: TripAdvisor."

Das klingt nun alles ein wenig miesepetrig und griesgrämig und damit genau so, wie die Deutschen in weiten Teilen der Welt gesehen werden. Dabei hat unsere Beschwerdekultur nicht nur aufgrund ihrer Verschriftlichung eine beeindruckende, beinahe vorbildliche Vorgeschichte. Wenn man so will, ist der Wille, sich nicht alles gefallen zu lassen, eine direkte Folge der traumatischen Erfahrungen in den 30er- und 40er-Jahren des vergangenen Jahrhunderts. Seit dem Ende des Zweiten Weltkriegs protestieren die Deutschen lieber einmal zu viel als einmal zu wenig. Wie war die Parole der Achtundsechziger? „Wer sich nicht wehrt, lebt verkehrt." Das gilt bis heute, im politischen und, stärker ausgeprägt, im wirtschaftlichen Bereich.

Die Achtundsechziger sind zwar inzwischen meist gut situierte Bürger mit Eigenheim, Putzfrau und zwei Kindern, die auf englische oder amerikanische Elite-Universitäten gehen. Das hat aber an ihrer grundsätzlichen Einstellung nichts verändert: Nur, dass sie jetzt nicht mehr gegen das Establishment, sondern gegen die Telekom aufbegehren, die es nicht schafft, innerhalb einer Woche einen DSL-Anschluss zu verlegen.

Sollten Sie an dieser Stelle darüber nachdenken, selbst einen Beschwerdebrief zu schreiben, weil Sie es satt haben, dass dem Deutschen in Büchern wie diesem wieder einmal schlechte Charakterzüge unterstellt werden: Warten Sie damit noch einen Moment! Denn die Beschwerde, gerade die schriftliche, ist in Wahrheit doch etwas Gutes! Wie sonst sollen Fehler abgestellt, Mängel behoben werden? Ist es nicht geradezu existenziell für das Überleben von „Made in Germany", dass

kritische Verbraucher auf Schwächen von Produkten beziehungsweise Dienstleistungen hinweisen, damit unsere Produkte noch besser werden? Und liegt nicht in jedem Hotelzimmer eine Karte, auf der der Gast seinen Aufenthalt bewerten soll, damit alles beim nächsten Mal noch schöner wird?
Die deutsche Beschwerdekultur ist der Grundstein unseres wirtschaftlichen Erfolgs. Ohne die ewige Nörgelei, ohne die Milliarden von Beschwerdebriefen und Verbesserungsvorschlägen wären wir wahrscheinlich nie Exportweltmeister geworden. Meckern ist also keine deutsche Schwäche, sondern eine der großen deutschen Stärken!
Selbstverständlich hat das auch unsere Firma erkannt – wenngleich erst vor gut zwei Jahren – und alle Mitarbeiter in Kundenorientierung schulen lassen.
Ich hatte das Vergnügen, in einer Gruppe mit Herrn Müller-Hohenstein zu landen, der sich bis zuletzt gegen die Teilnahme an dem Workshop gewehrt hatte, weil er, Zitat, „nun wirklich nicht wüsste, was ich noch lernen könnte". Mir wäre einiges eingefallen, zum Beispiel, dass ein Satz wie „Entschuldigung, dafür bin ich nicht zuständig und ich weiß auch nicht, wer dafür bei uns im Haus zuständig ist" vielleicht nicht jedes Mal die richtige Antwort auf eine Kundenanfrage ist.
Auch wenn ich ihn mir bei dem einen oder anderen Anrufer ebenfalls nicht verkneifen kann …
Seine Weigerung nutzte jedoch nichts, und so kam es, dass ausgerechnet Herr Müller-Hohenstein auf dem Workshop stellvertretend für alle anderen Teilnehmer Antworten auf

Kundenreklamationen formulieren musste. Hier seine Top drei:

Beschwerde: „Ich warte seit zwei Wochen auf die versprochene Lieferung Ihres Produktes. Das kann doch nicht so schwer sein!"
Herrn Müller-Hohensteins Antwortvorschlag: „Zwei Wochen sind nun wirklich nicht sehr lange. Wir haben Kunden, die warten einen Monat, ohne sich gleich zu beschweren. Glauben Sie denn, dass wir uns nur um Sie kümmern müssen?"

Zuschrift: „Könnten Sie so nett sein und mir sagen, an wen ich in Ihrem Haus eine Initiativbewerbung für eine Stelle schicken kann? Vielen Dank im Voraus."
Herrn Müller-Hohensteins Antwortvorschlag: „Am besten wahrscheinlich an die Personalabteilung, aber ich weiß nicht, wer da genau für Initiadingsbewerbungen zuständig ist. Außerdem brauchen wir hier im Moment niemanden mehr (und besonders gut zahlen die auch nicht)."

Beschwerde: „Ich habe die Schnauze voll und kündige den Vertrag mit Ihrer Firma zum nächstmöglichen Zeitpunkt."
Herrn Müller-Hohensteins Antwortvorschlag entfiel. Er erklärte, dass er grundsätzlich nicht auf Beschwerdebriefe reagieren würde, die gewissen zivilisatorischen Grundstandards widersprächen. Sollte in der Anrede zu allem Überfluss sein Name falsch geschrieben sein (Sehr geehrter Herr Müller-Hosenbein …), würde er das Schreiben/die E-Mail sofort wegwerfen.

Mein letzter Beschwerdebrief an einen großen internationalen Kofferhersteller ist wahrscheinlich an den dortigen Herrn Müller-Hohenstein gegangen. Auf nicht einmal anderthalb Seiten und in äußerst höflicher Form hatte ich mich darüber beklagt, dass innerhalb eines halben Jahres zwei sehr teure Koffer auf Reisen auseinandergebrochen seien.
Ich schilderte die Fälle liebevoll bis ins Detail („Sie können sich nicht vorstellen, wie schrecklich es ist, auf dem Gepäckband eines australischen Flughafens plötzlich einen weit aufgerissenen Koffer zu sehen und dann festzustellen, dass die dahinter kommenden Stringtangas der eigenen Frau gehören. Dabei war es unsere erste Reise mit diesem Koffer!") und verlangte mit Nachdruck eine Entschuldigung, weil ich sonst, Zitat, „nie wieder einen Koffer bei Ihnen kaufen werde".
Eine gute Stunde saß ich an dem Brief, bekam dafür ein dickes Lob von meiner Frau („Denen hast du es aber richtig gegeben!"), machte eine Kopie für meine Akten und schickte das Original per Einschreiben mit Rückschein an den Kofferhersteller.
Bis heute habe ich nichts gehört. Aber die Sache ist ja auch erst drei Jahre her.

Haben Sie Mangosaft?

Nun gibt es in Deutschland nicht nur deshalb so viele Beschwerden, weil die Deutschen sich so gern beschweren. Trotz aller Kundenorientierungs- und „Ab morgen sind wir freundlich zu denen, die unser Gehalt bezahlen"-Seminare hat sich wenig daran geändert, dass zwischen Flensburg und Garmisch-Partenkirchen eine der größten Wüsten der Welt liegt: die Servicewüste. Den kannten Sie wahrscheinlich schon, oder? Ist ein Kalauer aus dem vergangenen Jahrhundert, der noch nie lustig war, aber leider unverändert wahr ist. Bis heute findet mehr als die Hälfte der Deutschen den Service in ihrem Land verbesserungswürdig bis mangelhaft. Dabei scheuen die Firmen vor keiner noch so absurden Methode zurück, um die genetisch bedingten Defizite ihrer Mitarbeiter in Sachen Freundlichkeit auszugleichen. „Von den Asiaten lernen heißt siegen lernen", hieß es etwa bei der Bahn, die ihren Zugbegleitern mit Hilfe von Essstäbchen das Lächeln beibringen wollte. Das sah zumindest auf den Zeitungsfotos über die Seminare lustig aus: Die Damen und Herren hatten die Hölzchen im Mund und konnten gar nicht anders, als zu lachen – vielleicht auch über die Ideen ihrer Vorgesetzten. Aber ob das im Alltag wirklich hilft, in dem der durchschnittliche Bahnmitarbeiter entweder eine Trillerpfeife oder ein knappes „Die Fahrkarten bitte!" im Mund führt? Immerhin: Kürzlich hat sich ein Kontrolleur erstmals bei mir bedankt, weil ich meine Fahrkarte und meine Bahncard schön griffbereit auf den Sitz neben mich gelegt hatte (in Wirk-

lichkeit wollte ich damit nur den Platz freihalten). Vielleicht wird es ja doch noch was, und wir haben zu früh das Essstäbchen über die Schaffner gebrochen ...
Ansonsten wird man als deutscher Kunde selbst in wirtschaftlich schwierigen Zeiten allerorten das Gefühl nicht los, dass man, nun ja, stört. Mein Schlüsselerlebnis hatte ich in der Lebensmittelabteilung einer großen Warenhauskette. Zugegeben – die von mir geplante Ausgabe war nicht dazu angetan, die finanziellen Probleme des Konzerns auf einen Schlag zu lösen, und die drohende Insolvenz ließ sich damit schon gar nicht abwenden. Trotzdem fand ich die Antwort, die ich auf meine kurze, eindeutige Frage bekam, ungewöhnlich. Vielleicht fiel sie so aus, weil ich die beiden Verkäuferinnen in einem Gespräch über eine bevorstehende Hochzeit im britischen Königshaus gestört hatte. Aber bilden Sie sich am besten selbst eine Meinung:

Kunde (also ich): „Entschuldigung, haben Sie vielleicht Mangosaft?"
Verkäuferin, gereizt guckend: „Wenn überhaupt, dann bei den Getränken."

Wahrscheinlich bin ich einfach zu empfindlich.
Um wirklich in den Genuss von Serviceleistungen zu kommen, die in anderen Ländern selbstverständlich sind, müssen wir Deutschen in der Regel extra bezahlen. So wie meine Frau, die sich nach einem Bandscheibenvorfall auf Rat ihres Arztes bei einem Spezialanbieter eine neue Matratze bestellte. Da die nicht nur 1 500 Euro teuer, sondern auch zehn Kilo

schwer und ansonsten ziemlich sperrig war, fragte meine Frau höflich nach, ob sie ihr denn bis zur Wohnungstür gebracht werden könnte. Sie selbst dürfe leider nichts tragen, was schwerer als fünf Kilo sei, der Bandscheibenvorfall sei noch frisch, und ihr Mann sei unter der Woche oft auf Geschäftsreise.

„Kein Problem", sagte die Servicefrau des Spezialanbieters. „Das kostet nur 30 Euro extra."

Meine Frau erklärte sich also klaglos bereit, Matratze und Liefergebühr bis zur Tür zu bezahlen, und tatsächlich kam das gute große Stück wie vereinbart vierzehn Tage später.

„Ich liefere Ihre Matratze!", brüllte ein Typ durch die Gegensprechanlage.

„Schön", antwortete meine Frau. „Vierter Stock, bitte."

„Wieso vierter Stock?"

„Weil ich dort wohne. Ich warte auf Sie."

„Nee, Sie kommen jetzt runter und quittieren den Empfang. Mehr mach ich nicht."

„Aber ich habe doch extra einen Lieferservice bis zur Tür bestellt!"

„Jep, und hier unten, wo ich stehen tu, ist eine Tür. Mehr is nicht. Den Rest müssen Sie schon allein machen."

„Aber ich habe einen Bandscheibenvorfall und …"

„… und ich habe noch mehr Kunden, die auf mich warten. Dann muss Ihnen halt ein Nachbar helfen."

Der Einzige, den meine Frau fand, war einer, der ein Jahr zuvor ebenfalls einen Bandscheibenvorfall gehabt hatte.

Natürlich haben wir einen Beschwerdebrief geschrieben, und natürlich war sich der Spezialanbieter keiner Schuld bewusst. Wir haben die 30 Euro für „Lieferung bis zur Tür" nicht bezahlt und die bisher eingegangen Mahnungen ignoriert. Sollten Sie einmal etwas bestellen, was bis zur Tür gebracht werden soll: Definieren Sie genau, welche Tür Sie meinen! Richtig schlaue Lieferanten könnten nämlich auch glauben, dass die Tür ihres Lkw reicht ...

Es gäbe noch so viel mehr zu erzählen von der deutschen Servicephobie, dieser um sich greifenden Krankheit. Aber ich will es bei einer letzten kurzen Geschichte belassen, die nahezu jedem Menschen in diesem Land schon einmal passiert sein dürfte. Es geht um den Strom- oder Heizungsableser. Sie wissen schon, das sind jene Herren (eine Dame habe ich noch nie gesehen), die plötzlich per Postkarte ankündigen, dass sie anderthalb Wochen später, an einem Dienstag, zwischen 12.30 Uhr und 18 Uhr kommen wollen, um den Verbrauch zu kontrollieren.

Nun ist der Zeitraum erstens reichlich unpräzise und liegt zweitens ungünstig, zumindest für Menschen, die einer geregelten Arbeit nachgehen. Kommt hinzu, dass man das Pech haben kann, die Benachrichtigung während einer Urlaubs- oder Dienstreise zu erhalten. Dann wird es kritisch, denn die Ablesefirma bietet maximal einen kostenlosen Ausweichtermin an. Wenn der Kunde auch den nicht wahrnehmen kann – oder immer noch verreist ist –, muss er für Besuch Nummer drei bezahlen. Bei mir waren das zuletzt rund 35 Euro. Wenigstens kam der Ableser exakt zur vereinbarten Zeit, um 15.15 Uhr. Damit hat er die Latte für seinen nächsten, dann hoffentlich wieder kostenlosen Besuch, ziemlich hoch gelegt.

Geiz ist geil!?

Geiz ist geil. Die Elektronikfachmarktkette (welch schönes deutsches Wort), die diesen berühmten Slogan erfunden hat, verwendet ihn seit einiger Zeit nicht mehr, weil die damit zum Ausdruck kommende Mentalität zunehmend in die Kritik geriet. Schließlich soll der Verbraucher beim Einkaufen nicht nur auf den Preis, sondern auch auf Qualität, Herstellungsbedingungen, ökologische Vertretbarkeit, Lieferwege, CO_2-Ausstoß, Langlebigkeit und vieles mehr achten. So weit die Theorie.

In der deutschen Praxis ist Geiz nach wie vor geil. Wir sind ein Volk der Schnäppchenjäger, das stolz damit korrespondierende Traditionen wie den Winter- und den Sommerschlussverkauf aufrechterhält. Was nicht nötig wäre, weil WSV und SSV offiziell längst abgeschafft sind und quasi das ganze Jahr über Schlussverkauf ist. Irgendwo ist immer irgendwas reduziert, herabgesetzt, so billig wie nie, und sollte mal gar nichts mehr gehen, bleibt noch der Teppichhändler, der zum 34. Mal sein Geschäft aufgibt und seine Ware deshalb mit „Monster-Rabatten" rausschmeißt.

Dazu und zu vielen anderen Preisnachlässen gibt es allerdings ein altes Kaufmanns-Bonmot, das ich Ihnen an dieser Stelle nicht vorenthalten möchte: „Rabatt, Rabatt, das lass' dir sagen, wird vorher immer draufgeschlagen."

Am niedrigsten sind in Deutschland aber nicht die Teppichpreise, sondern die für Lebensmittel. Das geht so weit, dass beispielsweise französische Produkte bei uns weniger kosten

als in Frankreich selbst. Was die Menschen dort zu Recht aufregt, auch wenn sie längst begriffen haben, dass die befreundeten Nachbarn nicht bereit sind, für Essen viel auszugeben. Es sei denn, es ist für ihren Hund (siehe unten).
Ausgerechnet das Volk, das so häufig wie kein anderes zu Ärzten rennt und damit simuliert, an einer gesunden Lebensweise interessiert zu sein, knausert, wenn es um die eigene Ernährung geht. „Aldisierung" ist inzwischen ein feststehender Begriff für das Einkaufsverhalten der Deutschen, geläufige Synonyme sind „Lidlisierung" und „Saturnisierung". Wir sind doch nicht blöd und geben nur einen Pfennig, Verzeihung: Cent, zu viel aus!
Die alten Tante-Emma-Läden haben wir mit dieser Einstellung ausgerottet, allein Onkel Mohammed hält sich noch, weil dessen ganze Familie im Geschäft hilft. Supermärkte haben es schwer und freuen sich über Gewinnspannen im allerallerunterstenen einstelligen Bereich wie Sebastian Vettel über den Weltmeistertitel in der Formel 1. Die Discounter schließlich sind dazu übergegangen, einige Produkte zum Einkaufspreis oder darunter anzubieten.
Man stelle sich diese Strategie als Mathematikaufgabe in der Schule vor: „Der Einzelhändler X kauft 100 Packungen Milch zum Preis von jeweils 40 Cents ein und verkauft sie für 19 Cents die Packung. Wie hoch ist sein Gewinn? Oder alternativ: Wann muss er seinen Laden schließen?"
Den ruinösen Preiskampf dürften am Ende nur die Discounterketten selbst überleben, die mit ihren Kampfpreisen nach und nach den kleineren Einzelhandel verdrängen. Die Eigentümer der Ketten werden dafür immer wohlhabender.

Dass die Brüder Albrecht mit Aldi zu den reichsten Bewohnern dieses Landes wurden, war kein Zufall.
Sehr deutlich ist auch die Empörung über Lebensmittelskandale, die inzwischen beinahe monatlich die Verbraucher, also uns, erschüttern. Dioxin in Eiern, BSE in Kühen, vergammeltes Fleisch, blau angelaufener Mozzarella, geklebter Schinken, mit unheimlichen Bakterien verseuchte Rohkost: Die Horrormeldungen haben sich derart gehäuft, dass es im Mutterland des Eisbeins auf einmal schick wird, Vegetarier oder am besten gleich Veganer zu werden.
Die Schuld an Gammelfleisch und Co. wird bei skrupellosen Hühnermästern und verantwortungslosen Schweinezüchtern gesucht, was ja auch viel einfacher ist als kurz über einen möglichen Zusammenhang zwischen der Qualität von Lebensmitteln und dem Preis nachzudenken, den die Deutschen dafür zu zahlen bereit sind. Denn das würde einem in etwa so den Appetit verderben wie diese wiederkehrenden Geschichten von Kindern, die in Bangladesch oder Indien für deutsche Textildiscounter arbeiten. „Wenn wir das gewusst hätten", stöhnen die Käufer dann auf, „wenn wir geahnt hätten, dass man die Jeans für 10 Euro und die Schuhe für 12 gar nicht anders produzieren kann, und in Deutschland schon gar nicht …"
Ja, was dann?
Geiz ist geil. Leider.

Das mach ich schnell selbst

Die „Geiz ist geil"-Mentalität korrespondiert mit der Liebe der Deutschen zu einem Phänomen, das ich nur zu gern „Do it yourself" nennen würde, wenn ich nicht befürchten müsste, dass dann Herr Meier wieder einen Leserbrief schreibt.
Was ich sagen will, ist, dass 70 Prozent aller deutschen Männer Heimwerkertätigkeiten am liebsten selbst übernehmen. Mehr als die Hälfte, nämlich 54 Prozent, trauen sich im eigenen Haus größere Umbauten zu, immerhin noch 40 Prozent sogar welche im Bad. Und das Wichtigste: Drei Viertel geben niemals auf![4]
Deshalb hat Deutschland pro Kopf der Einwohner doppelt so viele Quadratmeter Baumärkte wie England, wo die entsprechende Bewegung nun wirklich „Do it yourself" heißt. Die OBIs, Praktikers und Hornbachs der Republik dürften neben Getränkemärkten die einzigen Einzelhandelsgeschäfte sein, in denen die Kundschaft mit großem Abstand männlich ist. Sonnabend sieht man sie hier alle, den talentierten Hobby-Heimwerker genauso wie den kostenbewussten Dilettanten. Wenn sich frau einmal gefragt haben sollte, warum deren Gesichter zwischen Dübeln, Tapeten und Teppichrollen so strahlen, ist hier die Antwort: Der Gedanke an einen Schlagbohrer erregt angeblich doppelt so viele Männer wie jener an den „Playboy" – wenn man der entsprechenden Umfrage

---

4 Studie „Einstellungen zu Renovierungsarbeiten", durchgeführt im Juli 2010 von TNS Infratest im Auftrag der Hornbach-Gruppe.

einer großen, selbstverständlich deutschen Baumarktkette glauben darf.[5]

Das tun wir einfach mal und sprechen mit Wonne von der Lust am Selbermachen, die sich wie ein roter Faden durch die Evolution des männlichen Geschlechts zieht und eben nicht beim Verlegen der Küchenfliesen oder beim Zusammenbauen des Billy-Regals endet. „Das schaffe ich allein!", rufen jedes Wochenende Hunderttausende deutsche Männer, wenn ihre Frauen nur wegen einer verstopften Waschmaschine oder wegen eines rauchenden Toasters den Handwerker-Notdienst rufen wollen. Wo doch jeder aus den unzähligen TV-Sendungen mit versteckter Kamera weiß, dass die die Waschmaschine oder den Toaster auf jeden Fall zu einer überteuerten Reparatur mitnehmen werden. Nix da, nicht mit uns! Das Geld kann man auf jeden Fall sparen! Manchmal funktioniert es tatsächlich, und die Wahrscheinlichkeit steigt, wenn der Baumarkt um die Ecke lange genug geöffnet hat.

Unserem Nachbarn von oben drüber hat auch das nicht geholfen. Er gab sich gern als praktisch veranlagter Kerl, als Tausendsassa in allen Lebenslagen, und lächelte nur mitleidig über mich, der ich schon beim Wechseln der Feuermelderbatterien Schwierigkeiten habe.

„Ich glaube, ich hatte noch nie einen Handwerker im Haus", pflegte er zu sagen, wenn bei uns der Tischler anrückte, um das aufwändige Fischgrätparkett zu verlegen, oder der Glaser, um eine kaputte Fensterscheibe auszutauschen.

---

5 *Studie „Einstellungen zu Renovierungsarbeiten", durchgeführt im Juli 2010 von TNS Infratest im Auftrag der Hornbach-Gruppe.*

An dieser guten deutschen Tradition wollte der Nachbar auch festhalten, als sich seine Frau im Badezimmer eine Dusche anstelle der Badewanne wünschte und, wenn man schon dabei sei, ein breiteres Waschbecken, andere Fliesen, eine neue Toilette und einen größeren Schrank für die Handtücher. Die Kostenvoranschläge, die sie dafür bei zwei Sanitärspezialisten aus der Umgebung eingeholt hatte, zerriss ihr Mann vor ihren und meinen Augen, um anschließend mit mir zum Baumarkt zu fahren und die benötigten Materialien zu holen.
Wir brauchten allein anderthalb Stunden, um das Waschbecken und die neuen Fliesen mit einem Kastenwagen zu unserem Haus zu transportieren. Nach weiteren 30 Minuten hatten wir den ganzen Kram im dritten Stock. Mein Nachbar („Macht doch Spaß!") fing schon mal an, die alten Fliesen rauszureißen, während ich noch die restlichen Materialien die Treppen hochschleppte. Danach war ich entlassen: „Den Rest schaffe ich allein", meinte er mit einem lässigen Grinsen.
Zu meinem großen Neid sah das Badezimmer am späten Sonntagabend wirklich aus wie neu. Stolz führte der Nachbar mich, seine und meine Frau von der Dusche („mit Massagestrahl!") über das Waschbecken zum neuen Schrank. Die Frauen hatten nur Blicke für den großen Handwerker und seine zerschrammten Hände, und für einen Moment glaubte ich, dass es nicht nur einen Zusammenhang zwischen Schlagbohrern, sondern auch zwischen Badezimmerfliesen und sexueller Erregung gäbe.
Wie um diese Vermutung zu untermauern, verabschiedete uns der Nachbar mit den Worten: „Dann wollen wir die neue Dusche doch gleich mal ausprobieren!", und klatschte

seiner Frau dabei so mit der flachen Hand auf den Po, dass der verbliebene Zement von den Finger staubte.

Ich war neidisch, und meine Frau fragte mich vor dem Einschlafen bestimmt dreimal, warum ich solche Sachen nicht auch könnte, „wie jeder halbwegs normale deutsche Mann". Weil ich nicht antwortete, schob sie noch nach: „Du rufst ja selbst beim Reifenwechsel den ADAC!"

Wahrscheinlich hätte ich danach nie wieder mit meinem Nachbarn gesprochen, wenn es nicht gut zwei Wochen nach dem „Ich mach das schnell mal selbst"-Umbau von unserer Decke getropft hätte, genau dort, wo sich des Nachbarn neues Bad befand. Dem König der Handwerker war doch tatsächlich ein Fehler unterlaufen, der aus seinem Badezimmer eine Kneipp-Kur-Strecke gemacht hatte: Das Wasser lief nicht nur nicht ab, es stand fingerhoch über den neuen Fliesen.

Er versprach, das Problem schnell zu lösen. Als das nicht gelang, rief er erst einen Freund, dann einen polnischstämmigen Handwerker zu Hilfe, den ihm dieser Freund unter der Hand vermittelt hatte. Schwarz natürlich.

Auch das ist typisch deutsch: Wenn der „Selbst ist der Mann"-Mann nicht weiterkommt, sucht er erst einmal fremde Hilfe ohne Rechnung. Um schließlich doch einen der beiden Sanitärfachbetriebe zu beauftragen, die die Frau ursprünglich ausgesucht hatte, und dessen Mitarbeiter zwei volle Arbeitstage brauchten, um die, Zitat, „Arbeit eines unglaublichen Stümpers" zu beseitigen.

Nur die Harten kommen in den Garten

Ich kenne wenige Menschen, die sich so sehr auf Frühling und Sommer freuen wie unsere Oma. Kaum steigen die Temperaturen, kaum recken die ersten Pflanzen schüchtern ihre Köpfchen aus dem Boden, schon hält die alte Dame nichts mehr im Haus. Sie muss raus, in ihren Garten, der von seinen Ausmaßen den Vergleich mit einem Fußballplatz nicht scheuen muss, aber achtmal so gepflegt ist.
Während die Kinder und Enkelkinder bei einer schönen Tasse Kaffee und mehreren Stücken Herrentorte (die Oma schon in den frühen Morgenstunden gebacken hat) auf der sonnenbeschirmten Terrasse sitzen, robbt das älteste Mitglied der Familie auf Knien und mit einer uralten Hacke bewaffnet zwischen Büschen und Bäumen umher. Nur den Rasen muss einer von uns Jüngeren mähen, weil Oma Angst hat, dass die mächtige Maschine sie direkt in den nächsten Rosenstrauch ziehen könnte. Den Rest aber macht sie selbst.
Drei bis vier Stunden Gartenarbeit pro Tag sind bei unserer Oma in Hoch-Zeiten Pflicht, und eher verzichtet sie auf ihr Abendessen, als den Kampf gegen das Unkraut vorzeitig aufzugeben. Dass das so schnell nachwächst, dass sie am Ende einer Runde quasi wieder von vorn beginnen kann, stört sie nicht. Im Gegenteil: „Der Garten", sagt sie immer, „ist mein Leben!"
Davon wollen wir Enkel ihr natürlich nichts wegnehmen. Nie kämen wir auf die Idee, Oma zu fragen, ob wir ihr bei der Pflege ihrer Mini-Ranch vielleicht helfen sollen. Denn ers-

tens könnte sie das als Beleidigung und üble Anspielung auf ihr Alter („Dabei bin ich noch nicht mal 89!") deuten. Zweitens besteht latent immer die Gefahr, dass sie ein Hilfsangebot annimmt („In die Pflaumen könntest ruhig du mal klettern, Yannik, ich komm da nicht mehr so gut hoch."). Und drittens hat sich Oma trotz ihres Alters im Garten noch nie ernsthaft verletzt, und wenn, dann hat sie es nicht bemerkt. Wie neulich, als sie mit einer langen, blutenden Schramme im rechten Oberschenkel aus einem Busch auftauchte und wir sie nur mit Mühe davon überzeugen konnten, die Wunde wenigstens notdürftig zu verpflastern.
Dass so viel Gartenmut typisch deutsch ist, wage ich nicht zu behaupten. Die Liebe zum eigenen Grün, und sei es noch so klein(gärtnerisch), ist es auf jeden Fall. Um das zu erkennen, braucht man keine Umfragen, nach denen angeblich 21 Millionen Bundesbürgern beim Ackern im eigenen Garten sowohl Blumen als auch Herzen aufgehen.
Es reicht der Blick in die eigene Familie, in meinem Fall in jene meiner Frau. Der gehören nämlich nicht nur Omas oben beschriebene weitläufige Grünflächen, sondern auch ein Ferienhaus, das in einer Art Park liegt. Den könnte, nein, den sollte man professionell betreuen lassen, aber das widerspricht natürlich zwei anderen deutschen Tugenden: dem Hang zum Sparen und dem Hang zum Selbermachen. Beide führen im Ergebnis dazu, dass ich die schönen freien Wochenenden nicht faulenzend, sondern schwitzend im Garten unseres Ferienhauses verbringe.
Bereits bei meinem ersten Besuch dort teilten mich meine zukünftigen Schwiegereltern zum Efeu-Entfernen ein, eine

Aktion, die auf Tage erdnussgroße Blasen an meinen Händen hinterließ. Es folgten ungezählte Einsätze zum Rasenmähen, Heckenschneiden, Unkrautzupfen und -vernichten und Maulwürfe-Ausräuchern. Das ganze Programm eben, unterstützt von einem wahnwitzigen Arsenal an Gartengeräten. Wenn ich nicht wüsste, dass mein Schwiegervater ein zutiefst liebenswürdiger und sanftmütiger Mensch ist, würde ich mir angesichts diverser Kettensägen und elektronischer Heckenscheren echte Sorgen machen.

So plagt mich nur die Frage, wie ich der Ferienhausgärtnerei entkommen kann, die meine Frau selbst im hochschwangeren Zustand als „so befriedigend wie keine Arbeit sonst auf der Welt" empfindet. Übrigens reden wir hier von derselben Frau, die überlegt, ob unsere Perle nicht doch besser jede Woche statt nur alle 14 Tage kommen sollte, um unsere Wohnung sauber zu machen.

Jetzt muss ich aber zum Ende kommen. Beim letzten Heckenscherenmassaker habe ich mir eine mittelschwere Sehnenscheidenentzündung zugezogen, das Schreiben dieser Zeilen verursacht mir höllische Schmerzen. Ich wollte nur noch schnell berichten, dass das Einzige, was in unserem Ferienhausgarten fehlt, der obligatorische deutsche Gartenzwerg ist.

Wir haben dafür ein Holzschwein. Es ist mit Leuchttürmen, Strandkörben und Sonnenschirmen bemalt.

Früher war alles besser

Es ist an der Zeit, Ihnen von Herrn Müller-Hohensteins Lieblingssatz zu berichten. Was heißt hier „Satz"? Die vier Wörter sind das Credo nahezu aller Nachkriegsgenerationen: „Früher war alles besser."

Je älter ein Deutscher wird, desto öfter sagt er genau das, sehr zum Erstaunen der Jüngeren. Denn die haben schließlich in der Schule gelernt, dass früher alles viel, viel schlechter war. Erster Weltkrieg, Weimarer Republik, Hitler und das Dritte Reich. Dann Zweiter Weltkrieg und Kapitulation. Deutschland erst in Trümmern, dann geteilt. Kalter Krieg, die Mauer, Angst vor Atombomben.

Furchtbar muss das alles gewesen sein, und trotzdem ist es leichter, einen 85-Jährigen zu treffen, der von früher schwärmt, als einen 20-Jährigen, der mit seinem heutigen Leben in einem Land zufrieden ist, das es sich leisten kann, tagelang darüber zu streiten, ob der Verteidigungsminister Teile seiner Doktorarbeit abgeschrieben hat oder nicht. Solche Probleme hätten unsere Vorfahren sicher gern gehabt!

Die lagen in Schützengräben, mussten Trümmer wegräumen, wurden in der Schule geschlagen und hatten erst keinen Fernseher und dann nur drei Programme. Trotzdem werden ihre Augen feucht, wenn sie von der Vergangenheit sprechen und sie sind stolz, dass sie die unter Androhung von Rohrstockschlägen gelernten Gedichte aus der Sexta immer noch auswendig können. Damals herrschte noch Zucht und Ordnung in den Klassenzimmern, heißt es dann, und dass sie

nicht einmal die Rechtschreibfehler gemacht hätten, die man heute in seriösen Tageszeitungen fände. Überhaupt wäre Deutschland bei einem PISA-Vergleich, wenn es den denn seinerzeit gegeben hätte, sehr weit vorn gelandet.
„Die Jugend von heute ist auch nicht mehr das, was sie einmal war" ist deshalb das Gegenstück zu „Früher war alles besser", und wahrscheinlich kann man die beiden Aussagen nur zusammen verstehen. Denn was bleibt älteren Menschen in einer Gesellschaft, die auf die werberelevante Zielgruppe der 14- bis 49-Jährigen gepolt ist, anderes übrig, als darauf hinzuweisen, dass zu der Zeit, in der sie in diesem Alter waren, das Leben in Deutschland noch funktionierte?
„Früher war alles besser" könnte tatsächlich eine von Generation zu Generation weitergegebene Kurzfassung sein von „Früher war alles besser, weil wir jung waren". Dem idealen Totschlagargument, weil die, die es sich anhören müssen, niemals das Gegenteil werden beweisen können – einfach, weil sie damals noch nicht geboren waren.
Das wäre die eine Erklärung. Für die andere muss man noch tiefer in die Volksseele eintauchen. Dann wird man feststellen, dass eine Formulierung wie „Früher war alles besser" nicht nur eine negative, sondern auch eine erstaunlich positive Seite hat. Denn normalerweise sind die Deutschen mit sich und ihrem gegenwärtigem Leben nie im Reinen, haben immer irgendetwas zu meckern und blicken sorgenvoll in die Zukunft. Ist es da nicht ein Glücksfall, dass sie sich, wenn auch mit Verzögerung, wenigstens an Vergangenem erfreuen können? Ist die „Früher war alles besser"-Mentalität nicht tatsächlich das späte Eingeständnis einer großen Zufrieden-

heit und damit das Pendant zu dem, was überall in der Welt die „German Angst" genannt wird?
Wir sind gar nicht so verzagt, so missmutig und unglücklich, wie es uns immer nachgesagt wird. Wir erkennen nur etwas später, wie gut wir es hatten.

Es geht uns zu gut

Eigentlich müssten wir Deutschen zu den glücklichsten Menschen der Welt gehören. Seit 66 Jahren leben wir ununterbrochen in Frieden, seit 21 Jahren in trauter Einheit. Während der Rest der Welt von verheerenden Natur- und Klimakatastrophen heimgesucht wird, sind bei uns vereiste Straßen im Winter das einzige Problem. Deutschland gehört zu den wichtigsten Export- und Wirtschaftsnationen und ist so schnell wie kein anderer Staat aus der Finanzkrise herausgekommen. Die Arbeitslosigkeit sinkt, die Lebenserwartung steigt. Die sozialen Sicherungssysteme sind vorbildlich, und die Bundesregierung ist einmalig politisch korrekt zusammengesetzt: eine Frau, ein Homosexueller, eine Mutter mit sieben Kindern, ein Rollstuhlfahrer, ein Migrant, Ost- wie Westdeutsche. Die Fußballnationalmannschaft hat es bei den Weltmeisterschaften dieses Jahrhunderts immer mindestens bis ins Halbfinale geschafft, Lena Meyer-Landrut hat den Eurovision Song Contest gewonnen und Sebastian Vettel die Formel 1.

Was will man mehr? Normalerweise dürften die Deutschen aus dem Feiern und Jubeln gar nicht mehr herauskommen. Auf den Straßen würde man strahlende Menschen mit stolzgeschwellter Brust erwarten, die sich Kusshände zuwerfen und wie in einem riesigen Fußballstadion „Oh, wie ist das schön!" singen.

Die Realität sieht anders aus. Griesgrämig zieht der Bundesbürger durch sein Wohlstandsland und schimpft auf die

Rundum-Sorglos-Republik. Jeder Dritte leidet an Depressionen oder an anderen psychischen Erkrankungen, deren Behandlung allein 2008 fast 29 Milliarden Euro kostete. 65 Prozent der Deutschen trauen der Politik die Lösung wichtiger Probleme laut einer Emnid-Umfrage im Dezember 2010 nicht mehr zu, gleich 90 Prozent wünschen sich eine neue Wirtschaftsordnung, so die Bertelsmann-Stiftung. Jeder Zweite ist mit seinem Gehalt nicht zufrieden, einem Gehalt, von dem in Afrika ganze Dörfer leben könnten. Nicht einmal das Wetter kann es uns recht machen. Im Winter ist es den Deutschen zu kalt, im Sommer zu warm. Mit einem Satz: Es geht uns offensichtlich *zu* gut, und deshalb ist die Stimmung schlecht.

Das und der magere 35. Platz der Bundesrepublik auf der Weltrangliste des Glücks[6] haben inzwischen sogar den Deutschen Bundestag alarmiert. Unter der Leitung von Bundestagspräsident Norbert Lammert erforscht seit Anfang 2011 eine Kommission, was das Volk endlich zufriedener, ausgeglichener und fröhlicher machen könnte. Eine Art Bruttoinlandsglücks-Produkt soll so entstehen, als Weiterentwicklung des Bruttoinlandsprodukts, dessen Wachstum in der Vergangenheit als allein selig machend galt.

Fest steht, dass die Höhe des Einkommens nicht automatisch etwas über die Zufriedenheit eines Menschen aussagt. Entscheidend ist, wie viel er im Vergleich zu seinen Kollegen, Nachbarn, Freunden hat (was, wie wir wissen, schwierig ge-

---

[6] *Günter Lachmann: „Bundestag forscht jetzt nach dem Glück der Deutschen", in: Welt, 17.1.2011.*

nug herauszubekommen ist). Wenn man die Leute fragt, ob sie lieber 90 000 Euro verdienen wollen, während alle anderen 89 000 Euro bekommen, oder 120 000 Euro, wenn die anderen 125 000 Euro erhalten, entscheiden sich die meisten für Variante eins. Ich wette, dass selbst Herr Müller-Hohenstein auf einen Teil seines Salärs verzichten würde, wenn er dann sicher sein könnte, der Bestverdienende in der Firma zu sein. Und ich bin fest davon überzeugt, dass wir mit einem zufriedenen, ja vielleicht erstmals in seinem Leben lachenden Herrn Müller-Hohenstein in der Glücks-Weltrangliste zumindest an Malta, Malaysia und Antigua & Barbuda vorbeiziehen könnten.

Wenigstens die Familienministerin sorgt für Nachwuchs

Der 18. Januar 2011 war ein besonderer Tag in der Geschichte der Bundesrepublik, und daran hatte unter anderem ein rotes Shirt Schuld. Das trug Familienministerin Kristina Schröder, als sie zur Kabinettssitzung im Bundeskanzleramt erschien, und es saß so eng, dass keiner der anwesenden Fotografen den Babybauch übersehen konnte. Frau Schröder nahm ihren Job offensichtlich ernst. Sie war schwanger, im vierten Monat. In Ländern wie Frankreich, Italien und Spanien wäre das eine mittelgroße Meldung gewesen, in Deutschland wurde es zur Sensation. Einerseits, weil noch nie eine Bundesministerin während ihrer Amtszeit ein Kind bekommen hat. Andererseits, weil sich die Nation gut zehn Monate zuvor noch darüber echauffiert hatte, dass die Kanzlerin eine damals unverheiratete und kinderlose junge Frau zur Familienministerin ernannte.
Solche Bilder konnte das Land gut gebrauchen: Schließlich sind die Deutschen wirklich dabei, sich abzuschaffen, für diese Erkenntnis hätte es keines Thilo Sarrazins bedurft. In den nächsten Jahrzehnten wird ihre Zahl deutlich unter 80 Millionen sinken, und mittelfristig lässt sich daran auch nichts mehr ändern. Der einfache Grund: Die Deutschen bekommen zu wenige Kinder.
Nun waren wir selbst in der Europäischen Union nie dafür bekannt, in Bezug auf die Häufigkeit des Beischlafs zu den Spitzenreitern zu gehören – wobei ich mir nicht sicher bin, ob es

politisch korrekt ist, das Wort „Spitzenreiter" in diesem Zusammenhang zu verwenden. Fakt ist, dass wir mit 117 Mal Sex pro Jahr deutlich hinter den Griechen (164) und den Brasilianern (145) liegen[7], um nur die aktivsten Nationen zu nennen (vielleicht sind wir bei den entsprechenden Umfragen aber auch einfach nur zu ehrlich). Das wäre zu verkraften, wenn wenigstens die Ergebnisse mit jenen anderer Länder mithalten könnten. Tun sie aber nicht: Während in Frankreich auf jede Frau im Schnitt 2,02 Kinder kommen, waren es in Deutschland laut Statistischem Bundesamt zuletzt nicht einmal 1,4.
„Was soll man von einem Land mit so einer Regierung auch anderes erwarten?", hat mich ein französischer Freund, der mit seiner Frau drei Kinder hat, einmal gefragt.
„Wie meinst du das?", fragte ich zurück und dachte, er würde auf die verbesserungswürdige Lage im deutschen Kindertagesstätten-System und auf die mangelnde Vereinbarkeit von Familie und Beruf anspielen.
„Na ja", sagte der Franzose, „wenn die Kanzlerin kinderlos und der Außenminister homosexuell ist, kann man von den Bürgern nicht verlangen, dass sie sich wie die Karnickel vermehren."
Ich versuchte, das Gespräch auf Bundesarbeitsministerin Ursula von der Leyen zu bringen, die mit ihren sieben Kindern den Schnitt der Regierung dramatisch nach oben reißt, aber mein Freund winkte ab. Wahrscheinlich aus der sicheren Überzeugung heraus, dass die Franzosen uns Deutsche bald als größtes Volk in Europa ablösen werden.

---

7 *Laut Studie Durex Sexual Wellbeing Global Survey, 2011.*

Dabei geht die Regierung bis zum Äußersten, um diese Entwicklung zu stoppen. Nun will ich nicht behaupten, dass Angela Merkel ihre Familienministerin unter Druck gesetzt hätte, auch wenn ein kleiner Hinweis auf deren Vorgängerin (von der Leyen!) gereicht hätte. Nein, die Deutschen werden mit dem einzigen Mittel ins Bett gelockt, mit dem sie wirklich verführbar sind: Geld. Genauer gesagt: Elterngeld.
Rund 15 Milliarden Euro sind bereits ausgezahlt worden, dummerweise auch an die, die sowieso Kinder bekommen hätten. Bis zu 1 800 Euro erhielten Eltern pro Monat vom Staat, wenn sie einen neuen Steuerzahler in die Welt gesetzt hatten, und das im günstigsten Fall für 14 Monate. Dann musste allerdings auch der Vater mindestens zwei Monate zu Hause bleiben, um sich zusammen mit der Mutter (oder allein) um das Kind zu kümmern.
Eine tolle Idee, und ich könnte jetzt eine ganze Reihe von Kumpels nennen, die diese Regelung voll ausgenutzt haben, zum Beispiel 2008 bei den Olympischen Spielen und vor allem 2010 während der Fußballweltmeisterschaft. Reiseführer für Familien mit Babys und Kleinkindern sollen in den vergangenen Jahren hervorragend gelaufen sein, und bei den Finanzämtern dürfte es auffallend viele Ehepaare gegeben haben, die ihre Steuerklassen prophylaktisch von 3/5 auf 4/4 umstellten. Schließlich wird das Elterngeld einer jungen Mutter anhand ihres Nettoverdiensts der letzten 12 Monate berechnet. Meine Frau und ich haben beschlossen, dass wir im Fall eines Falles für mindestens zwei Monate mit dem neuen Rentenzahler nach Neuseeland verschwinden werden. Die Flüge wären dank des Elterngelds locker drin!

Die Erfindung, die natürlich auf Ursula von der Leyen zurückgeht, lohnt sich also für fast alle Beteiligten. Sie hat nur einen kleinen Schönheitsfehler: Die Zahl der Kinder pro Frau ist seitdem von 1,37 auf 1,36 zurückgegangen.[8]
Und statt sofort die Beträge zu erhöhen oder weitere Beischlafprämien zu erfinden, wird im aussterbenden Deutschland doch tatsächlich über eine Frauenquote diskutiert. Bei der Telekom gibt es sie bereits, andere Unternehmen wollen nachziehen, und immer mehr Politiker sind dafür, per Gesetz festzulegen, dass Führungspositionen gleichberechtigt unter den Geschlechtern verteilt werden. Was an sich eine gute Idee wäre, wenn es die Sache mit den unterirdisch niedrigen Geburtenraten nicht gäbe und man per Gesetz zudem beschließen könnte, dass ab sofort Männer Kinder bekommen.
Dann dürfte Guido Westerwelle meinetwegen noch eine Legislaturperiode Außenminister bleiben.

---

8 Bettina Weiguny: „Elterngeld zeugt keine Kinder", in: Faz.net, 19.12.2010.

Die Lust an Listen

Das kleine Wörtchen „perfekt" beschreibt eigentlich einen Zustand, für den man sich weder als Person noch als Volk schämen müsste. Nun sind wir Deutschen aber leider nicht perfekt, sondern perfektionistisch.
Perfektionismus hilft zum Beispiel, wenn große Sportverbände die Fußballweltmeisterschaft oder die Olympischen Spiele nach Deutschland vergeben, weil sie sicher sein können, dass die Organisatoren dort nicht eher ruhen werden, bis auch das letzte klitzekleine Detail geregelt beziehungsweise auf irgendeiner Liste vermerkt wird. „Das können die Deutschen", heißt es im Rest der Welt dann anerkennend, „da macht ihnen keiner etwas vor."
Das stimmt, und die Vorbereitung auf ein akribisch strukturiertes Leben beginnt bei uns früh. Kaum können Kinder lesen, werden sie mit ihren ersten kleinen Einkaufslisten in den Supermarkt geschickt („Und immer schön abhaken, was du in den Einkaufswagen getan hast, hörst du!").
Bei uns zu Hause kamen noch die sogenannten Stärken- und Schwächen-Listen meines Vaters dazu. Wann immer es ein Problem in der Familie, im Beruf oder im Tennisverein gab, setzte er sich an seinen Schreibtisch, nahm ein DIN-A4-Blatt aus der Schublade und zog in der Mitte einen senkrechten Strich. Dann wurde links das Für (Stärke) und rechts das Wider (Schwäche) von Fragestellungen wie diesen vermerkt:
Sollen wir ein neues Auto kaufen?
Brauchen wir eine größere Wohnung?

Was passiert, wenn ich mich um das Amt des Vereinsvorsitzenden bewerbe?
Gewonnen hatte am Ende die Seite, auf der am meisten stand. So etwas prägt natürlich, und deshalb ist mir unvorstellbar, wie man sein Leben ohne Listen meistern kann. Die „To-do-Liste", die mir meine Frau hinterlässt, wenn ich einmal einen arbeitsfreien Tag habe, ist legendär. Meist beginnt sie mit „bügeln" und endet mit etwas wie: „Wenn Du dann noch Zeit hast, könntest Du die Bücher im Wohnzimmer nach Autoren sortieren."
Für das Kofferpacken vor Reisen haben wir inzwischen wiederverwendbare Standardlisten („Universalstecker, Sagrotan, Pflaster, Mückenspray" etc.), und für besondere Anlässe wie Weihnachten oder runde Geburtstage gibt es elektronische Listen, die gegebenenfalls an weitere Beteiligte verschickt werden können.
Auf unserer aktuellsten steht *Dringend Kita finden* ganz oben, inzwischen mit fünf Ausrufezeichen. Nun erklärt sich auch, warum dieses Kapitel auf jenes mit der schwangeren Familienministerin folgt.
Selbstverständlich sind meine Frau und ich als pflichtbewusste Staatsbürger dem Vorbild der Ministerin gefolgt und beteiligen uns jetzt aktiv am Erhalt der Deutschen. Was eine Aufgabe ist, die großen Spaß machen würde, wenn sich die Eltern einfach aufs Kindermachen und -kriegen konzentrieren könnten. Können sie aber nicht, weil natürlich auch eine Geburt perfekt organisiert sein will. Dafür gibt es Listen, gegen die sich der Einkaufszettel einer zehnköpfigen Großfamilie ausmacht wie ein Taschentuch im Vergleich zu einer

Tapetenrolle. Es ist ein Wunder, wie ein Mensch, der noch gar nicht auf der Welt ist, derart viele Termine verursachen kann.

Werdende Eltern lernen zudem eine Listenform kennen, die gerade der ungeduldige Deutsche überhaupt nicht schätzt: die Warteliste. Es gibt sie für Kinderwagen genauso wie für Geburtsvorbereitungs- und -nachbereitungskurse, für Hebammen und vor allem für Kitas.

Als meine Frau und ich nach den ersten drei Schwangerschaftsmonaten bei einer Kindertagesstätte vorstellig wurden, um unseren Nachwuchs für einen Platz in anderthalb bis zwei Jahren anzumelden, sah uns die ansonsten nette junge Dame an, als würden wir ihr erklären, dass die Erde doch eine Scheibe sei, und meinte dann: „Da sind Sie aber ganz schön spät dran!"

„Wie, ganz schön spät? Wir wissen doch erst seit drei Monaten, dass wir Eltern werden!"

„Sie hätten damals gleich bei uns anrufen müssen, dann hätten Sie vielleicht eine Chance auf einen Platz gehabt."

„Wann wäre denn 'damals gleich' gewesen?", wollte ich wissen. „Vielleicht am besten direkt nach der Zeugung?"

„Das", entgegnete die junge Dame ganz ernsthaft, „wäre perfekt gewesen."

„Das ist jetzt nicht dein Ernst, Klaus-Jürgen!"

Als Herr Müller-Hohenstein vom Elterngeld erfuhr, kam Leben in ihn. Das war genau die Erfindung, auf die er schon immer gewartet hatte! Monatelang auf Staatskosten zu Hause bleiben, ohne das Anrecht auf den Arbeitsplatz zu verlieren – ein Traum.
In den Wochen nach der Einführung des Elterngelds baggerte er wirklich jede Praktikantin in unserer Firma an, offenbar in der Hoffnung, mit Ende vierzig und ohne lange Beziehung doch noch Vater werden zu können. Er trieb es so weit, dass seine Favoritin, eine 28-jährige Brünette aus der Buchhaltung, nach einer offenbar extrem plumpen Anmache schließlich durch das Großraumbüro schrie: „Das ist jetzt nicht dein Ernst, Klaus-Jürgen!"
Womit wir uns endlich dem wahren Grund nähern, aus dem es Herr Müller-Hohenstein in dieses Buch geschafft hat: sein Doppelname. Klaus-Jürgen Müller-Hohenstein – kann es ein schöneres Beispiel für das hierzulande grassierende Phänomen der Namensketten geben? Und wäre Herr Müller-Hohenstein nicht ein Kandidat dafür gewesen, an seinen Unendlich-Namen einen weiteren dranzuhängen, wenn es erlaubt und er dadurch in den Genuss von Elterngeld gekommen wäre? Kollegen legten ihm einmal eine Einladung zu einem Termin mit der Hamburger CDU-Politikerin Viviane Spethmann-Berssenbrügge auf den Schreibtisch. Leider ist Herr Müller-Hohenstein nicht hingegangen. Wer weiß, ob er nicht einen weiteren Anlauf beim Bundesverfassungsgericht genommen

hätte, wenn es mit den beiden was geworden wäre. Herr Müller-Hohenstein hätte als Bundesbürger mit der längsten Vor-Nachnamen-Kombination in die Geschichte eingehen können.
2009 hat das eine Zahnärztin aus Bayern probiert. Als würden Namensketten wie Rammelt-Gmeiner, Fröhlich-Wichser, Vogel-Schwarm oder Blume-Baum nicht ausreichen, wollte sie künftig Frieda Rosemarie Thalheim-Kurz-Hallstein heißen. Das mache sich gut auf dem Praxisschild und sei wichtig für ihren wirtschaftlichen Erfolg, trug sie vor. Weil unter den acht Richtern am Verfassungsgericht eine Frau Hohmann-Dennhardt saß, sah es kurz so aus, als könnte die Ärztin die Begrenzung von Namensketten aus der deutschen Gesetzgebung reißen wie einen kariösen Zahn aus dem Mund eines Patienten. Am Ende reichte es doch nicht. Fünf Richter stimmten dagegen, mit der Begründung, dass zwei Namen ausreichen würden, um Identität und Persönlichkeit des Trägers auszudrücken. So bleibt der Bundesrepublik Deutschland wenigstens der Dreier-Gau erspart und der Hamburger Thilo von Samson-Himmelstjerna auf absehbare Zeit wahrscheinlich der Zahnarzt mit dem am dichtesten beschriebenen Praxisschild.
Außerdem liegt sowieso in der Kürze die Würze. Deshalb ist auch Angela Merkel die erste Kanzlerin der Bundesrepublik Deutschland geworden und nicht Sabine Leutheusser-Schnarrenberger. Und hat sich Thorsten Schäfer-Gümpel bei der Landtagswahl in Hessen durchsetzen können? Eben!
Normal, ja fast schon gewöhnlich sind sie heute trotzdem, die früheren Markenzeichen von Hardcore-Emanzen und Sozial-

pädagogen. Und Klaus-Jürgen Müller-Hohenstein ist bestimmt auch noch stolz darauf, dass sein Name in der Telefonliste unserer Firma alle anderen der Länge nach schlägt. Bleibt nur zu hoffen, dass das Techtelmechtel zwischen unserem Buchhalter, Herrn Heil, und der Assistentin unseres Vorstandschefs keine ernsthaften Folgen hat. Die schöne Sabine heißt nämlich mit Nachnamen Sieg.

Du oder Sie?

Bei der Arbeit an diesem Buch erlebte ich mehrere peinliche Situationen, aber die mit Abstand peinlichste trug sich mit meiner Literaturagentin zu.

Ich hätte einiges dafür gegeben, ihr zum ersten Mal in ihrem Heimatland und nicht in Deutschland zu begegnen. Nina Arrowsmith stammt nämlich aus den USA, und wenn wir uns dort getroffen hätten, wäre alles ganz einfach gewesen. „How are you, Yannik?", hätte sie gesagt, und ich hätte geantwortet: „Nice to meet you, Nina."

Doch Hamburg ist nicht New York, und so verlief der erste Dialog wie folgt: „Schön Sie kennenzulernen, Herr Mahr."

„Ich freue mich auch, dass Sie heute Zeit für mich haben, Frau Arrowsmith."

Wie es sich in Deutschland gehört, redeten wir uns also artig mit Nachnamen und Sie an, obwohl zumindest ich davon ausging, dass wir ungefähr gleich alt waren. Trotzdem sollte es exakt zwei Monate und vier Tage dauern, bis aus dem „Sie" ein „Du" wurde, und das war nicht einmal mein Verdienst. Ich hätte sie gern früher gefragt, traute mich aber nicht. Es war alles so kompliziert: Durfte ich ihr überhaupt das Du anbieten, obwohl sie die Frau war? Oder galt die Regel, dass der Ältere die Jüngere fragt? Wenn ja, war ich überhaupt älter als sie? Wir hatten nie darüber gesprochen, weil sich das schließlich auch nicht gehört. Und ist es nicht überhaupt besser, in Geschäftsbeziehungen beim Sie zu bleiben?

Ich dachte so lange darüber nach, bis es zu spät war.
„Was halten Sie eigentlich davon, Herr Mahr, wenn wir Du zueinander sagen?", fragte mich Nina Arrowsmith nach den besagten zwei Monaten und vier Tagen.
Ich wurde rot. „Das ist eine sehr gute Idee. Ich wollte Sie längst selbst gefragt haben, aber ich war mir nicht sicher, weil ...", ich geriet ins Stottern, „... weil es in Deutschland doch üblich ist, dass der Ältere den Jüngeren fragt, und ich ...", stotter, „... nicht genau wusste, wer von uns beiden ..."
„Also, ich bin dreißig, und du?", sagte Nina Arrowsmith.
Ich war gerade vierzig geworden und hatte jetzt ein Problem, das durch das weitere Gestammel nicht gerade kleiner wurde.
„Du ... du ... bist erst dreißig? Also ich hätte dich ..." Endlich, aber natürlich viel zu spät, zog mein Kopf die Notbremse. „... Ich meine, das ist ja Wahnsinn! Du bist schon so lange im Geschäft und so unglaublich erfolgreich, und dabei noch so jung, dass ..." Meine Farbe unterschied sich wahrscheinlich nur noch unwesentlich von der eines guten Bordeaux.
„Ist gut. Ich bin Nina."
„Ich heiße Yannik."
Es ist nicht lange her, da hätten Mann und Frau in Deutschland nun mit einem Glas Wein oder Bier in der Hand die Arme gekreuzt, um erst auf die neue Vertrautheit anzustoßen und sich dann zu küssen. So verklemmt unser Umgang mit dieser Sie/du-Geschichte ist, so enthemmt waren wir früher, wenn sie sich dann endlich auflöste. Ich kannte in den 80er- und 90er-Jahren nicht wenige Männer, die einer Frau nur

deshalb das Du anboten, weil sie es auf einen Kuss abgesehen hatten.

Das ist zum Glück Vergangenheit, die Verunsicherung ist jedoch geblieben. Die Frage, wen wir wann und warum duzen sollten und wen lieber nicht, zieht sich durch alle Bereiche unseres Lebens. Was, wenn der Chef einen plötzlich mit Vornamen anspricht, aber weiter siezt? Darf ich dann auch Karl-Heinz sagen statt „Jawohl, Professor Dr. Riemenschneider"? Ist es respektlos, den volljährigen Sohn der Freunde weiter zu duzen, nur weil man ihn schon als Kleinkind kannte? Und was ist zu tun, wenn man jemanden (wieder)trifft, von dem man nicht mehr genau weiß, ob Sie oder Du?

Weil ich in solchen Fällen vor einem lockeren „Wir waren doch beim Du?" meist zurückschrecke, versuche ich, die direkte Anrede zu umgehen. Aus „Haben Sie/Hast du dich im Urlaub gut erholt?" wird dann „Und, der Urlaub war schön?". Statt „Wie geht es deiner/Ihrer Frau?" heißt es dann: „Die Frau ist auch wohlauf?"

Richtig lustig kann es in Deutschland werden, wenn die Eltern der Freundin oder des Freundes sich nach mehreren Monaten oder womöglich Jahren durchringen, vom Sie zum Du zu wechseln.

Das ist nach unseren eigentümlichen Gebräuchen ihr gutes Recht, und dennoch gilt es zumindest eine Regel zu beachten: Bevor ein Elternteil dem Schwiegersohn oder der Schwiegertochter in spe das Du anbietet, sollte er kurz mit dem anderen Elternteil darüber gesprochen haben.

Meine heutige Schwiegermutter hatte das offensichtlich nicht, als sie mir kurz entschlossen bei einem gemeinsamen

Essen zurief: „Ach, da das mit Euch ja etwas Ernstes zu sein scheint, können wir uns ruhig duzen. Ich bin Beate!"
„Ich bin Yannik", sagte ich und drehte meinen Kopf erwartungsvoll zu meinem künftigen Schwiegervater. Man sah ihm an, dass er erstens überrascht und zweitens not amused war.
„Na gut", sagte er nur.
Ich habe zwei Monate gebraucht, bis ich ihn zum ersten Mal Clemens genannt habe. An dem Du arbeite ich noch.

Ein medizinisches Mysterium

Das hört sich ja gar nicht gut an: Die Deutschen rennen so häufig zum Arzt wie kein anderes Volk. 18,1 Besuche pro Jahr und Durchschnittsbürger sind einsamer Weltrekord, in dessen Nähe nicht einmal die Japaner (13,6 Besuche) kommen. Amerikaner konsultieren nur vier Mal im Jahr einen Doktor, Schweden drei Mal.[9]

Diese Unterschiede wären zu ertragen, wenn die Deutschen im Vergleich wenigstens die Gesündesten wären. Sind sie aber nicht: Die Japaner haben eine deutlich höhere Lebenserwartung, und die Schweden sehen viel kerniger aus.

Was bringt der Arzt-Marathon den Deutschen dann? Warum sehen niedergelassene Mediziner bei uns in der Woche ein Drittel mehr Patienten als Kollegen in vergleichbaren Ländern, und wieso suchen mehr als 40 Prozent der Bundesbürger im Jahr mindestens vier verschiedene Ärzte auf?[10]

Das ist eines der letzten großen Mysterien der Republik. Verlässliche Studien oder seriöse Erkenntnisse gibt es nicht einmal in Ansätzen, übrigens auch, weil für entsprechende Untersuchungen das Geld fehlt. Sitzen die Deutschen so gern in Wartezimmern, weil sie dort kostenlos Zeitschriften lesen können? Ist der Arztbesuch für viele die Chance, wenigstens einmal am Tag mit einem anderen Menschen reden zu können, und sei es nur für ein paar Minuten? Holt frau sich in den Praxen der Republik nur den Gesprächsstoff für das nächste

9 und 10 Laut Arztreport der Barmer GEK, 2010.

Kaffeekränzchen mit den Nachbarinnen? Und wie viel Schuld haben die Schwarzwaldklinik und Sascha Hehn an der Weißkittel-Besessenheit eines ganzen Landes?

Das sind die Fragen, die dringend geklärt werden müssten. Stattdessen arbeiten sich Politiker, Lobbyisten und Krankenkassen an einer weiteren Gesundheitsreform ab, die entweder nie kommen oder nichts ändern wird.

Der letzte große Versuch, die Arztbesuche der Deutschen zu begrenzen, ist grandios gescheitert. Nach der Einführung der Praxisgebühr sank die Zahl der sogenannten Patientenkontakte nur für eine kurze Zeit, inzwischen ist sie wieder gestiegen. Die Bundesbürger mögen beim Einkaufen, bei der Ernährung ihrer Kinder und bei der Steuererklärung aufs Geld achten. Aber wenn es um ihre Gesundheit geht, tun sie es nicht.

Sowieso ist mehr als die Hälfte aus unterschiedlichsten Gründen von der Zahlung der Praxisgebühr befreit, und richtig krank ist nur das deutsche Gesundheitssystem. Wie sonst lässt sich erklären, dass alle Beteiligten damit unzufrieden sind? Die Beitragszahler klagen, dass ihnen zu viel Geld abgeknöpft wird, und die Ärzte, dass sie zu wenig verdienen (Zahnärzte einmal ausgenommen). Vielleicht liegen darin auch die Gründe für die vielen gegenseitigen Besuche: Die Ärzte bestellen die Patienten öfter ein, gerade beim Übergang von einem Quartal zum nächsten, um ihren Umsatz zu erhöhen. Die Patienten kommen gern, weil die Krankenkassen ihnen das Geld so oder so vom Gehalt abziehen lassen. Das Ganze erinnert ans Telefonieren: Wenn man eine Flatrate hat, achtet man auch nicht mehr darauf, wen man wie oft anruft.

Einzige Ausnahme, und damit ist das Chaos komplett, sind die Privatpatienten. Die erhalten von ihren Kassen gern Prämien, wenn sie möglichst wenig zum Arzt gehen. Das wiederum ist nicht im Interesse der Praxen, weil die nur an den Privatzahlern richtig verdienen. Kleines Beispiel: Meine Frau, Kassenpatientin, zahlt für eine professionelle Zahnreinigung etwa 60 Euro, ich, privat versichert, rund 140. Die Behandlung ist identisch, und der größte Witz an der Sache ist, dass meine Frau ihre auch noch privat bezahlt.
Das verstehen Sie nicht? Dann sollten Sie selbst Privatpatient werden. Sie müssen zwar weiter horrende Beiträge zahlen, für die ihre staatliche Rente später kaum ausreichen wird. Dafür kommen Sie bei fast allen Ärzten der Republik sofort dran, ob mit Termin oder ohne, sitzen länger im Sprechzimmer als die Kassenpatienten im Warteraum und dürfen garantiert als einer der ersten die neuen, teuren Diagnosegeräte ausprobieren. Das Beste aber ist, dass Sie nach jedem Arztbesuch genau erfahren, was Herr oder Frau Doktor mit Ihnen gemacht hat und was es kostet. Das erlaubt Einblicke in unser einmaliges Gesundheitssystem, die den gesetzlich Versicherten direkt in die nächste psychiatrische Praxis treiben würden – wenn man dort einen Termin für ihn hätte.
Mein schönstes Erlebnis war, als ich an ein und demselben Tag die Rechnung meines Haut- und meines Zahnarztes bekam. Der Hautarzt hatte mich eine halbe Stunde über das Für und Wider einer kosmetischen Entfernung zweier Leberflecke beraten, genaue Untersuchung inklusive, und dafür 23,45 Euro berechnet. Der Zahnarzt, bei dessen Sprechstundenhilfe ich eigentlich nur zur Zahnreinigung

angemeldet war, hatte im Wesentlichen „Hallo" gesagt und ein paar Sekunden in meinen Mund gestarrt, „wo ich schon mal da bin". Das Ergebnis: 84,95 Euro.
Man gönnt sich ja sonst nichts.

Vereintes Deutschland

Die Bundesrepublik Deutschland hätte sich den Zusatz „e. V." verdient, denn sie erfüllt längst die Kriterien, die ein eingetragener Verein bei uns erfüllen muss: Ihre Arbeit ist nicht gewinnorientiert, eher im Gegenteil. Sie dient in einem erschreckend hohen Maße gemeinnützigen Zwecken, hat mit dem Grundgesetz eine hinreichende Satzung und einen Vorstand, der sich brav einmal in der Woche zu einer Sitzung trifft. Dessen Arbeit könnte man sogar als ehrenamtlich durchgehen lassen, wenn man die Aufwandsentschädigungen der Mitglieder mit den Gehältern vergleicht, die für ähnliche Funktionen in der Wirtschaft bezahlt werden. Trotzdem stellt ausgerechnet die Bundesrepublik die einzige deutsche Organisation mit mehr als sieben Personen dar, die kein Verein ist.
Angesichts von 594 277 eingetragenen Klubs und Vereinen wird es höchste Zeit, dass sich das ändert, und sei es nur, damit der Allgemeine Deutsche Automobilclub mit seinen 16 Millionen Mitgliedern nicht mehr die Nummer eins ist.[11]
Im Ernst: Das Vertrauen der Menschen in die Republik dürfte deutlich steigen, wenn diese nicht in erster Linie als föderatives Staatswesen, sondern als e. V. organisiert wäre.
Vereine kennen die Deutschen seit Jahrhunderten, Vereine lieben sie bis heute. Selbst an sich eher phlegmatische Menschen wie Herr Müller-Hohenstein werden zu engagierten, unermüdlichen Arbeitstieren, wenn es etwa um ihren Schüt-

---

11 Laut Deutschem Fundraising Verband.

zenverein geht (wobei ich mir bis heute nicht vorstellen kann, dass Herr Müller-Hohenstein dort nicht nur zweiter Kassenprüfer, sondern auch ehemaliger Leiter der Trachtenabteilung und Jugendschützenkönig gewesen ist).
Nun sind Schützen-, Trachten- oder Männergesangsvereine im 21. Jahrhundert vielleicht nicht die besten Beispiele, um die Bedeutung des Vereinswesens für den Deutschen zu beweisen. Schließlich klagen alle drei Klubgattungen über Nachwuchsmangel, und trotz einer Jugend im „Deutschland sucht den Superstar"-Rausch wird es selbst bei den Männergesangsvereinen nicht besser.
Doch auch ohne die Traditionalisten unter den Vereinsmeiern wäre das System so stark wie nie. Seit dem Jahr 2001 ist die Zahl der Vereine in Deutschland um fast 50 000 gestiegen. Natürlich gibt es längst den „Bundesverband Deutscher Vereine und Verbände e. V.", und es ist damit zu rechnen, dass der sofort Mitglied eines Vereins der Bundesverbände Deutscher Vereine und Verbände wird, wenn dieser gegründet werden sollte. Um den Vorsitz möchte ich mich hiermit schon einmal bewerben.
Selbst Dinge, die andere Völker einfach so in ihrer Freizeit machen, werden in Deutschland in e. V.-Form gebracht. Das Lachen etwa, weltweit eine relativ alltägliche Tätigkeit, hat hierzulande seine Heimat in verschiedenen, darauf spezialisierten „Lachklubs" gefunden. Lange Menschen haben sich im „Verein langer Menschen", kleine Menschen im „Verein kleiner Menschen" zusammengeschlossen. Und kleine Münsterländer? Haben natürlich auch einen eigenen e. V., keine Sorge. Die „Interessengemeinschaft Schnitzel" zieht

von Restaurant zu Restaurant, um die Qualität platt gehauener Fleischlappen zu testen, im Kieler „Hockstar Verein" werden allen Ernstes Hocker durch die Luft geschleudert. Fahnenschwinger haben in Deutschland ebenso eine Satzung wie Bratwurst- und Sandmuseum-Betreiber, die Arbeitsgemeinschaft Aroniabeere und diskriminierte Raucher. Im „Bartclub Sigmaringen" sind die Männer nach eigenen Angaben „ein Haar besser", und die „Liebhaber des deutschen Spitzes e. V." erfreuen unter anderem mit den schönsten Geschichten über ihre unterschätzten und von der Presse oft zu Unrecht geschmähten Tiere.
Womit wir nahtlos beim Thema des nächsten Kapitels wären.

Der will nur spielen

Wenn man einen Hundehalter mitten in einer großen deutschen Stadt dabei beobachtet, wie er Hasso, Rex, Bello und Arco in aller Ruhe ein veritables Häufchen direkt vor den Eingang des großen Modehauses setzen lässt, um die Hinterlassenschaft anschließend mit dem mitgebrachten Kackili-Säckchen aufzusammeln, könnte man wirklich denken, dass die Deutschen nichts so lieben wie ihre Hunde.
Aber das ist falsch.
Ja, die rund fünf Millionen Hundebesitzer geben laut Verband für das Deutsche Hundewesen jedes Jahr rund fünf Milliarden Euro für ihre Tiere aus, und viele von ihnen sehen ihren Hunden mit der Zeit ähnlicher als den eigenen Kindern. Und tatsächlich sieht man in kaum einem anderen Land so viele Herrchen und Frauchen an Leinen spazieren gehen. Daraus zu schließen, die Deutschen wären auf den Hund gekommen, würde aber zu weit führen. Erstens, weil die Metapher gar nichts mit Tieren zu tun hat, sondern für Armut und sozialen Abstieg steht – zwei Dinge, die man den meisten Hundehaltern nicht nachsagen kann. Zweitens, weil das Lieblingshaustier der Deutschen eben nicht der Hund, sondern die Katze ist. Das Verhältnis beträgt gerundet fünf zu acht Millionen, und wenn man Meerschweinchen, Kaninchen, Hamster und Mäuse zur Gruppe der Kleintiere zusammenfasst, liegen selbst die mit 5,6 Millionen Exemplaren noch vor dem Hund.[12]

---

12 *Laut Zentralverband Zoologischer Fachbetriebe, 2011.*

Überhaupt gehen bei kaum einem deutschen Thema Wahrnehmung und Wirklichkeit derart auseinander. Wer sich heute in Stadtvierteln mit vielen Kindern und Familien umsieht, könnte den Eindruck gewinnen, dass die Menschen hierzulande fast ausschließlich Golden Retriever und hin und wieder einen Collie halten. Tatsächlich ist und bleibt aber der deutsche Schäferhund, dieses Klischee auf vier Beinen, die Nummer eins.[13] Es soll Tierliebhaber geben, die ihn das „4711 unter den Hunden" nennen, weil er wie Kölnischwasser von zeitloser Schönheit beziehungsweise Aufdringlichkeit ist. Auf Platz zwei folgt übrigens der Dackel.
Schwierig zusammenzubekommen sind auch die Hundebegeisterung auf der einen Seite und die chronisch überfüllten Tierheime auf der anderen. Und am Ende der Leine stellt sich die Frage, wes Geistes Kind eigentlich die Herrchen und Frauchen sind, die ihren Lieblingen nicht nur verschiedene Halsbänder, sondern auch Lackschuhe, Hochzeitskleider, Bademäntel, Sonnenbrillen und Bio-Fresschen kaufen. Die Vermenschlichung ist so weit fortgeschritten, dass es für Hunde sogar spezielle Kinderwagen und eigene Sofas gibt, von seltsamen Gummipuppen für einen bestimmten Zweck – ja, genau dafür! – ganz zu schweigen.
Zumindest der Rüde soll es offenbar nicht schlechter haben als der durchschnittliche deutsche Mann. Deshalb gibt es gerade für ältere Hunde inzwischen auch Mittel, die gegen Mundgeruch helfen. Diese wiederum dürften vor allem von jenen Frauchen gekauft werden, die mit ihrem Liebling auch

---

13 Laut dem Verband für das Deutsche Hundewesen.

dann noch kuscheln und knutschen wollen, wenn er, in Menschenleben umgerechnet, das neunzigste Lebensjahr lange überschritten hat. Bleibt die Frage, warum die Damen sich dabei nicht an den Gesichtshaaren stören …

Das ist doch mein Bier!
Oder: Das ist mir Wurst!

Dieses Kapitel hätte es niemals gegeben, wenn mein Schwager nicht an einer Universität in Singapur seinen MBA gemacht und, noch wichtiger, dort die „Heart of Europe Week" organisiert hätte. Das war meine Chance zu erfahren, was der Rest der Welt über Deutschland denkt! Junge Menschen aus knapp 100 Nationen, befragt aus erster Hand, aufgezeichnet mit der Videokamera, sollten sagen, was sie als Erstes mit unserer schönen Heimat verbinden.
Ein Traum, und genau der empirische Teil, der für dieses Buch noch fehlte.
Mein Schwager und ich waren sehr gespannt, was den Unternehmensberatern, Investmentbankern und künftigen Vorstandsvorsitzenden, kurz: den High Potentials unserer Zeit zu dem wichtigsten Land im Herzen Europas einfallen würde. Würde ihnen Einstein vor Schiller in den Sinn kommen? Würden sie bei Deutschland nicht nur an Beethoven, sondern fälschlicherweise auch an Mozart denken? Und was war mit Martin Luther? Käme er vor Johann Sebastian Bach und Gottfried Daimler oder danach? Dass Goethe in jeder zweiten Antwort auftauchen würde, war uns klar, und irgendwie befürchteten wir, dass Franz Beckenbauer unverhältnismäßig oft genannt werden würde. Schließlich waren unter den Befragten jede Menge fußballverrückter Südamerikaner.
Und dann das! Die ersten neun Antworten auf die Frage „Was verbindest du mit Deutschland?", fielen wie folgt aus:

„Beer and Sausages." (Neuseeland)
„Oktoberfest with a lot of beer." (Vietnam)
„Beer, of course." (Libanon)
„Beer and Sausages and the Oktoberfest." (Italien)
„Bier her, Bier her, oder ik fall um." (USA)
„Beer. And what else? Sausages." (Südafrika)
„Beer, very good beer." (Singapur)
„Did anyone say beer? I say sausages." (Indien)
„Beer and Hefeweizen." (Niederlande)
Erst beim zehnten Befragten schöpfte mein Schwager, und später ich beim Betrachten des Films, Hoffnung. Der nette junge Mann aus Malaysia war der Erste, dem eine Person zu Deutschland einfiel. „I know, you like him a lot", sagte er geheimnisvoll, und vor dem Bildschirm formten meine Lippen lautlos ein „Goethe". Nicht ganz: „The Germans love David Hasselhoff, right?" Kurze Pause. „And beer, millions of litres of beer."
So sieht's also aus. Bloß weil am 23. April 1516 bei uns mit dem deutschen Reinheitsgebot für Bier das älteste Lebensmittelgesetz der Welt formuliert wurde, gelten wir für alle Zeiten als Humpen schwingende und Fässer anstechende Barbaren, die ihren Suff, wenn überhaupt, nur unterbrechen, um fette Würste und Sauerkraut in sich hineinzustopfen. „Bier ist Deutschland!" Das klingt nach Geistern, die wir gerufen haben und nicht wieder loswerden und ist zudem ein Werbeslogan der deutschen Brauer. Deren eigenwillige Definition der Nationalfarben lautet wie folgt: „Bier ist rein" (Schwarz), „Bier ist Genuss" (Rot), „Bier ist Deutschland" (Gold).

Dabei sind die Zahlen in dieser Frage bei Weitem nicht mehr so eindeutig, wie sie es vielleicht einmal gewesen sind. Die Bundesrepublik hält mit 1300 Brauereien zwar immer noch den Weltrekord. Aber der Bierkonsum geht seit Jahrzehnten zurück, 2010 war er auf dem niedrigsten Stand seit der Wiedervereinigung.[14] Viele Produzenten haben bereits auf die Herstellung von alkoholfreien Getränken umgeschwenkt, selbst Bio-Limonaden kommen heute aus traditionsreichen Brauereien. Denn die haben zwei große Probleme: Die Älteren trinken immer weniger, und wenn die Jüngeren trinken, dann gleich richtig harte Sachen. Vom Komasaufen haben Brauereien allerdings gar nichts …
Wenn die „Nationale Verzehrstudie II"[15] (so etwas gibt es wahrscheinlich auch nur in Deutschland) feststellt: „Der Durst stimmt", dann bezieht sich das auf die anderthalb Liter Flüssigkeit, die der Bundesbürger pro Tag locker zu sich nimmt. Mehr als die Hälfte davon ist allerdings ganz normales Wasser. Kaffee sowie schwarzer und grüner Tee machen ein weiteres Viertel aus. Nix Bier her!
Selbst die Begeisterung für Fleisch- und Wurstwaren sinkt. In der Heimat von Currywurst und Thüringern gibt es inzwischen rund sechs Millionen Vegetarier. Gerade junge Deutsche verzichten immer öfter auf Fleisch, und es bleibt zu hoffen, dass sich mittelfristig auch der nach wie vor gewaltige Unterschied in den Essgewohnheiten von Männern und Frauen verringert. Während Erstere im Schnitt pro Tag

14 Laut Deutschem Brauer-Bund.
15 Nationale Verzehrstudie II, 2005 – 2007.

103 Gramm Fleisch verschlingen, kommen Letztere gerade mal auf 53.[16] Meine Herren, schon mal darüber nachgedacht, warum das Verhältnis bei der durchschnittlichen Lebenserwartung nicht ganz so günstig ist? Die komplett vegetarischen Varianten von Gyros, Currywurst & Co sind gar nicht so schlecht. Und selbst Fleischsalat gibt es heute ganz ohne Fleisch.

16 Nationale Verzehrstudie II, 2005 – 2007.

Unser täglich Brot

Der Adolf-Grimme-Preis ist eine der renommiertesten Fernsehauszeichnungen, die es in Deutschland zu gewinnen gibt. Ina Müller hat ihn bekommen, Alexander Kluge und Harald Schmidt haben ihn, Günther Jauch und Anke Engelke, Anne Will und – man höre und staune – Bernd das Brot. Ja, Sie lesen richtig: Die Jury hat neben all den Stars und TV-Persönlichkeiten ein sprechendes und für seinen Fatalismus bekanntes Kastenbrot geehrt.

Das gibt es wirklich nur hier, in einem Land, in dem die Bitte aus dem „Vater unser" wie sonst nirgends erfüllt wird: „Unser täglich Brot gib uns heute" ist für die Deutschen mehr Lebenseinstellung als Gebetszeile. Da können Trennkost und kohlehydratarme Diäten noch so sehr in Mode sein: Unglaubliche 94 Prozent der Bundesbürger essen jeden Tag Brot und können dabei laut Werbung der Bäckerinnung unter einer „weltweit einmaligen Vielfalt" wählen.

In Deutschland gibt es mehr Sorten Brot (300) und Kleingebäck (1 200) als Einwohner im Vatikan. Wir haben nicht nur eine 7 000 Jahre alte Backkultur, sondern im *Deutschen Lebensmittelbuch* zudem die genaueste und schönste Definition für unser Lieblingsnahrungsmittel: „Brot wird ganz oder teilweise aus Getreide und/oder Getreideerzeugnissen, meist nach Zugabe von Flüssigkeit, sowie von anderen Lebensmitteln (zum Beispiel Leguminosen-, Kartoffelerzeugnisse) in der Regel durch Kneten, Formen, Lockern, Backen oder Heißextrudieren des Brotteigs hergestellt. Brot enthält

weniger als 10 Gewichtsteile Fett und/oder Zuckerarten auf 90 Gewichtsteile Getreide und/oder Getreideerzeugnisse."
Lecker, nicht?
Überhaupt stellt sich die Frage, ob sich Völker und Nationen nicht am besten über die Brotsorte beschreiben lassen, die sie am liebsten essen. Die gut gebauten, knorrigen Schweden haben ihr Knäckebrot, die Franzosen ihr Baguette, diesen weizengewordenen Phallus. Die häufig etwas blassen Engländer haben ihren ebenso blassen, labberigen Toast, die Türken sind ohne ihr körniges Fladenbrot nicht vorstellbar, Stichwort: Döner.
Und wir? Wir essen Schwarzbrot. Das ist so typisch deutsch, dass man es praktisch nirgendwo sonst auf der Welt bekommt. Kaum ein Auswanderer, der sich nicht im Fernsehen oder in Büchern darüber beklagt, dass sein neues Leben perfekt sein könnte, wenn die Sehnsucht nach Vollkornbrot nicht wäre.
Ohne Vollkornbrot wäre auch Herr Müller-Hohenstein nicht denkbar. Die blaue Tupperdose ist das Erste, was er morgens aus seiner Aktentasche holt, und spätestens, wenn ein leichter Schwarzbrot-Mettwurstgeruch den Großraum erfüllt, wissen wir, dass Herr Müller-Hohenstein die erste Pause macht. In der Regel ist das nach einer halben Stunde.
Wir Kollegen sind ziemlich sicher, dass Herr Müller-Hohenstein mehr als die 43 Kilo Brot im Jahr verspeist, die rein rechnerisch auf jeden Haushalt entfallen. Außerdem hat er in unserer Firma mit seiner Vorliebe für dunkle Stullen eine Metapher geprägt: „Schwarzbrot" nennen wir Arbeit, die nahezu täglich anfällt, nicht besonders lustvoll ist, und an der

man im Zweifel lange zu kauen hat. Nein, das Lieblingsbrot der Deutschen hat wenig Spektakuläres, und leichte Kost ist es schon gar nicht. Dafür soll es ja immerhin tierisch gesund sein ...

Ein heikles Kapitel, oder: Knöllchen-Horst

Zugegeben: Die Sache mit dem Petzen und Denunzieren, in düsterer Vergangenheit eine der größten und widerlichsten Schwächen der Deutschen, ist besser geworden. Viel besser sogar, aber eben immer noch nicht gut genug. Einige können es einfach nicht lassen.

Damit meine ich jetzt ausnahmsweise einmal nicht Herrn Müller-Hohenstein. Nein, es geht um Knöllchen-Horst, einen Frührentner, der jahrelang in seiner Heimatstadt Osterode Falschparker angeschwärzt hat. Mehr als 15 000 Anzeigen kamen so zusammen, selbst einen Hubschrauber im Rettungseinsatz hat Knöllchen-Horst fotografiert und gemeldet.

Man kann sich vorstellen, dass einer wie er im Harz nicht gerade viele Freunde hat. Aber das war – und ist – ihm egal, genauso wie Hausverbote in Gaststätten oder Morddrohungen auf dem Anrufbeantworter. Knöllchen-Horst sorgte weiter für Ordnung in Osterode, schrieb mehr Autonummern auf, als viele Dörfer in der Umgebung Einwohner haben, und würde wahrscheinlich heute noch durch die Straßen streifen, wenn er nicht plötzlich selbst einen Bußgeldbescheid in seinem Briefkasten gefunden hätte.

Nein, Knöllchen-Horst hatte nicht falsch geparkt, das nun wirklich nicht. Aber zu schnell gefahren war er und dabei fotografiert worden: 63 in einer Tempo-50-Zone, macht zehn Euro Verwarngeld.

Doch Knöllchen-Horst wäre nicht Knöllchen-Horst, wenn er die zehn Euro einfach gezahlt hätte. Er legte Widerspruch ein, warf dem Landkreis Osterode „Verletzung des Rechts am eigenen Bild" vor und ließ es am Ende zu einem Prozess vor dem Amtsgericht kommen, der ihn natürlich wieder in die Zeitung mit den großen Buchstaben und in viele andere Blätter brachte.

Wie die Geschichte ausging, wollen Sie wissen? Knöllchen-Horst musste zahlen und kündigte an, seine Tätigkeit als professioneller Hobby-Verkehrsüberwacher zu unterbrechen. Er will seine wertvolle Zeit künftig lieber rechtswidrigen Abfallgebührenbescheiden widmen.

Nicht klatschen!

Es gibt Volkswagen, Volksempfänger und Volkszahnbürsten. Und es gibt einen Volksreflex, der immer dann zu beobachten ist, wenn mehr als 30 Deutsche vor einer Bühne sitzen, auf der irgendjemand Musik macht. Dann können sie nicht anders, die Mitglieder einer der wichtigsten Wirtschaftsmächte der Welt, die Nachfahren von Einstein, Beethoven und Nietzsche – dann müssen sie klatschen. Meist laut, selten im Takt, und besonders stark, wenn vorn einer wie Florian Silbereisen oder Andy Borg steht. Der Volksmusiker löst den Volksreflex wie kein anderer aus. Applaus!

Angehörige anderer Nationen klatschen erst, wenn ein Künstler seinen Beitrag zu ihrer Zufriedenheit beendet hat. Der Deutsche dagegen hält von Anfang an voll drauf. Manchmal mag das reiner Selbstschutz sein, weil Hände, die aufeinanderschlagen, sich immer noch besser anhören als unerträglich schiefes Bergidyll-Geträller.

Aber oft neigen die ungesteuerten Begleitgeräusche eben auch dazu, ansonsten rhythmisch ansprechende Musikdarbietungen zu zerstören. Wenn die Deutschen dann noch mitsingen, kann der Künstler einpacken – oder den entsprechenden Livemitschnitt als „Unplugged-Version" Hunderttausende Male verkaufen.

In der Online-Ausgabe von *Neon*[17] ist der Volksreflex von einem, der sich ehrlicherweise selbst „Musik-Faschist" nennt,

---

17 *OrangerTag: „Bitte nicht mitklatschen", in: Neon.de, 8.3.2006.*

damit verglichen worden, dass man in eine Ausstellung rennt und sämtliche Bilder mit Buntstiften beschmiert. „Will man denn dem Künstler auf der Bühne nicht lauschen, sich an seiner Musik erfreuen?", fragt der Autor verzagt, und man möchte ihm zurufen: „In Deutschland nicht! Hier kannst du froh sein, wenn aus dem Geklatsche über ein heftiges Schunkeln nicht eine Polonaise Blankenese wird und der Erwin der Heidi dabei die Hände auf die Schultern legt."

Immerhin: Das Problem ist erkannt, nicht nur durch die Internetforen der „Mitklaschen – Nein danke!"-Fraktion, sondern auch mittels statistischer Erhebungen. Laut einer Meinungsumfrage von Emnid gehört Mitklatschen bei Musiksendungen für die Deutschen zu den zehn größten TV-Ärgernissen.[18] Der Volksreflex landete mit neun Prozent der Stimmen zwar nur auf dem vorletzten Rang, aber das reichte dem ZDF schon, um sich zu einer offiziellen Stellungnahme genötigt zu sehen: „Es wäre doch traurig", heißt es darin, „wenn bei einer Musiksendung die Zuschauer im Saal regungslos auf ihren Stühlen ausharren müssten, während ihre Stars auf der Bühne auftreten. Spontane Freudenbekundungen wollen und können wir nicht unterbinden."[19]

Letzteres stimmt, weil man den Volksreflex genauso wenig unterdrücken kann wie etwa den supranationalen Patellarsehnenreflex. Und wer weiß, wozu das Ganze gut ist: Israe-

18 und 19 Umfrage des Meinungsforschungsinstituts TNS Emnid im Auftrag von „Auf einen Blick", Juli 2008.

lische Forscher wollen nämlich herausgefunden haben, dass Lieder zum Mitklatschen die geistige und motorische Entwicklung bei Kindern fördern.[20] Warum wir trotzdem bei PISA immer so schlecht abschneiden, ist eine andere Frage. Auf jeden Fall ist werdenden Eltern zu raten, ihren Ungeborenen nicht Mozart, sondern am besten gleich was von Hansi Hinterdings vorzuspielen. Und bitte direkt vor dem Babybauch klatschen!

20 Baby und Familie: Singspiele machen Kinder klug, Ausgabe 6/2010.

Deutsche Katastrophen

In Wirklichkeit gibt es seit der Wiedervereinigung nur drei Katastrophen, die der Deutsche wirklich als solche empfand: die Einheit selbst, die Abschaffung der D-Mark und die Verletzung von Michael Ballack kurz vor der Fußballweltmeisterschaft 2010 in Südafrika.
Während man sich in anderen Ländern zeitgleich über abstürzende Börsen und de facto zahlungsunfähige Länder in der Größenordnung Griechenlands Gedanken machte, strahlte das Erste Deutsche Fernsehen direkt nach der *Tagesschau* eine Sondersendung aus, die sich im Wesentlichen um einen Knöchel drehte. Gut, es war der des Kapitäns der deutschen Nationalmannschaft, den ausgerechnet ein Sportler des späteren Gruppengegners Ghana so getroffen hatte, dass Ballack wochenlang nicht würde spielen können. Aber musste deswegen gleich das ganze Programm geändert werden? Es musste, nicht nur in der ARD, sondern auch im ZDF. Und auf den privaten Nachrichtensendern war Ballacks WM-Aus die breaking news. Das Interesse am schlechten Gesundheitszustand des Bundesfinanzministers verkam angesichts der Bilder des humpelnden Kapitäns zur Randnotiz: Wer, bitte schön, ist Wolfgang Schäuble? Und was nutzt er uns bei der WM? Konnte ja keiner ahnen, dass es in Südafrika ohne Michael Ballack viel besser laufen würde …
„Im Fußball geht es nicht um Leben und Tod. Es ist noch viel ernster!" Dieser Spruch, der von einem britischen Fuß-

balltrainer stammen soll, gilt tatsächlich für die Deutschen wie für kaum eine andere Nation.
Fußball ist die Sprache, die alle verstehen, was allerdings bei Gesängen wie „Olé, Olé, Olé, Olé, Super-Deutschland, Olé, Olé" oder „Sieg! Sieg! Sieg! Sieg!" so schwer nicht ist. Fußball ist eines der letzten Felder, auf dem die meisten Länder noch Respekt vor uns haben. Exportweltmeister können die Chinesen werden. Aber auf dem Platz, wo die Wahrheit liegt? Ha! Und wenn auf einer Auslandsreise einmal nichts mehr geht, wenn die Einheimischen weder unsere Sprache noch Denglisch sprechen, hilft in der Regel ein einfaches „Oliver Kahn" oder ein schnelles „Beckenbauer", und alle fallen sich singend in die Arme. „Ah, Germany, Ballack, Ballack!", war in den vergangenen Jahren eine der meistgehörten Antworten, die ein Deutscher erhielt, wenn er im Urlaub erklärte, woher er kam. Auch wenn es schmerzen kann, auf einen Fußballspieler reduziert zu werden: Früher gab es im Zusammenhang mit unserer Nation deutlich unerfreulichere Assoziationen!
Wobei auch die Verbindung zu Michael Ballack in einigen Teilen der Welt ihre Tücken hatte und hat. In den Medinas marokkanischer Königsstädte etwa, also in Marrakesch, Fes oder Rabat, kann es dem auf seine Fußballspieler stolzen Bundesbürger passieren, dass ihm Händler an jeder Ecke „Ballack! Ballack!" zurufen. Doch Vorsicht! So sehr dem einen oder anderen deutschen Mann der Gedanke an eine Verwechslung mit dem Capitano schmeicheln dürfte: Bilden Sie sich nicht zu viel darauf ein! Denn phonetisch hat der Name böse Ähnlichkeit mit einem arabischen Wort, das

übersetzt so viel heißt wie: „Aus dem Weg!" Auf dem Weg zum freundlichen Deutschen wäre das ein ziemlicher Rückschritt ...

Zumal wir es dem Fußball zu verdanken haben, dass der Rest der Welt uns heute nicht mehr nur für pünktlich, gründlich, ordentlich und ansonsten langweilig hält. 2006, bei der WM im eigenen Land, sind wir zwar nicht Weltmeister geworden, wie früher mit unseren typischen deutschen Tugenden. Dafür haben wir den anderen aber gezeigt, dass es Fernsehsendungen wie *Verstehen Sie Spaß?* bei uns nicht umsonst gibt. Ganze Kontinente wunderten sich über die tanzenden, lachenden, schwarz-rot-gold-bemalten Deutschen und über das unglaubliche Wetter in dem Land, das den Regen erfunden hat.

War der Klimawandel schuld? Das Ozonloch? Die Abgase der deutschen Autos?

Nein: Das alles hatten wir dem Fußball zu verdanken. Unserem Sport. Mag sein, dass der alte englische Spruch von dem Spiel, bei dem sich 22 Männer gegenüberstehen, und das am Ende immer die Deutschen gewinnen, nicht mehr bei jedem großen Turnier gilt. Aber das Wichtigste, das ist urdeutsch und wird es bleiben, liebe Brasilianer, Spanier, Italiener: Selbst wenn ihr uns besiegen solltet, macht ihr das immer – mit einem Ball von Adidas!

Liebe Mitbürgerinnen und Mitbürger

Liebe Leserinnen und Leser, liebe Käuferinnen und Käufer, liebe Kritikerinnen und Kritiker!
Es ist an der Zeit, über eine Grundtugend der BundesbürgerInnen zu sprechen, die, obwohl noch jung, unser Land, unsere Sprache und unsere Rechtschreibung verändert hat wie wenige andere zuvor: die political correctness. Sie ist, der Begriff deutet es an, keine deutsche Erfindung. Aber erst die EinwohnerInnen dieser Nation, an erster Stelle MinisterInnen, BürgermeisterInnen und andere SpitzenpolitikerInnen, haben das politisch korrekte Bewusstsein und Verhalten zu einer beispiellosen Reife gebracht. Vorbei die Zeiten, in denen BundespräsidentInnen zwischen NegerInnen und DeutschInnen unterschieden, vorbei die furchtbaren Jahre, in denen AusländerInnen einfach AusländerInnen genannt wurden. Heute heißt es bereits auf der untersten Stufe politischer Korrektheit: „Liebe ausländische Mitbürgerinnen und liebe ausländische Mitbürger!" Wer es hundertprozentig richtig machen will, spricht von „liebe Mitbürgerinnen mit Migrationshintergrund und liebe Mitbürger mit Migrationshintergrund" und sollte es im weiteren Verlauf seiner Rede tunlichst vermeiden, etwa auf deren überproportionalen Anteil an kriminellen Machenschaften zu sprechen zu kommen. Das mag wahr sein, ist aber noch lange kein Grund, es auch zu sagen! Wo wir doch endlich aus dem Neger- einen „Schaumkuss" gemacht haben, Farbige wie selbstverständlich „AfroamerikanerInnen" und Nutten „Prostituierte" nennen.

Dass Letztere von sich selbst als „Huren" sprechen, ist ihr Problem. Wir bleiben korrekt, auch wenn es um unsere SoldatInnen geht, die seit Jahren lediglich auf einer Friedensmission in Afghanistan sind. PolitikerInnen kriegen nicht genug davon, den Einsatz zu verniedlichen, und distanzieren sich permanent von anderslautenden Aussagen.
Das ist im Übrigen ein Schlüsselwort des/der politisch korrekt Handelnden. Sie/er distanziert sich, wann und wo es nur geht, vor allem natürlich von allen Äußerungen, die in irgendeiner Form Menschen, Pflanzen, Fische oder sonstige Lebewesen beleidigen, angreifen oder kritisieren könnten. Das gilt selbst für solche (Menschen, Pflanzen, Fische, Säugetiere), gegen deren Verhalten man/frau zu Recht etwas einwenden dürfte. Ein Straftäter ist bitte schön so lange ein „mutmaßlicher Straftäter", bis ihn ein Gericht letztinstanzlich verurteilt hat. Legt man/frau ihm zur Last, die Verlobte umgebracht zu haben, ist das noch lange kein Grund, ihn des Mordes zu bezichtigen. „Körperverletzung mit Todesfolge" heißt das politisch korrekt, ein Hinweis auf die schwere Kindheit des Täters ist jederzeit angebracht, und überhaupt sollte man/frau ihn nicht weiter behelligen, um die Resozialisierung so wenig wie möglich zu behindern. Schließlich verdient jeder eine zweite Chance!
Außer jenen, die gegen das eherne Gesetz der politischen Korrektheit verstoßen. Thilo Sarrazin zum Beispiel, der in seinem Bestseller *Deutschland schafft sich ab* unter anderem anprangert, dass sich die Geburtenrate in Deutschland reziprok zum Bildungsstand verhält. Das wird man/frau ja wohl noch sagen dürfen, weil es schließlich stimmt, denken Sie? Aber

nein, wo kämen wir da hin! Politisch korrekt wäre es gewesen, wenn der Autor nicht auf die verheerenden Folgen dieser Entwicklung für einen Hochtechnologiestandort wie Deutschland, sondern auf die schwierige Lage bestimmter sozial benachteiligter Gruppen hingewiesen hätte.

Ist es nicht richtig, dass all jene, die keine Arbeit haben, wenigstens viele Kinder bekommen und damit auf diese Weise zum Fortbestand unseres Landes beitragen? Wobei ich damit natürlich nicht jene Männer und Frauen diffamieren möchte, die nur ein oder gar kein Kind haben, von schwulen oder lesbischen Paaren gar nicht zu sprechen – Entschuldigung, ich meine natürlich „gleichgeschlechtliche Lebensgemeinschaften".

Es ist verzwickt. Und richtig gefährlich wird es, wenn es um das Binnen-I geht. Schreibt eine deutsche Behörde etwa die Stelle eines stinknormalen Sachbearbeiters aus, ohne darauf hinzuweisen, dass man/frau damit natürlich auch eine Sachbearbeiterin meint, kann sie mit jeder Menge Klagen, einem offenen Brief der Frauenbeauftragten und damit rechnen, in den kommenden 20 Jahren keinen einzigen Mann mehr einstellen zu dürfen.

Am einfachsten wäre es, immer und überall das Binnen-I mitzusprechen. Unsere Sprache macht das allerdings besonders schwer, weil im Deutschen die Pluralbildung meist männlich erfolgt: Aus 49 Studentinnen und einem Studenten werden so 50 Studenten, aus einem Professor und 99 Professorinnen werden 100 Professoren. Wobei ich mich gerade frage, ob es an irgendeiner deutschen Universität überhaupt so viele Frauen ...

Sehen Sie, was ich meine? Der Weg vom politisch korrekten, gender-gemainstreamten Gutmenschen ins nächste Fettnäpfchen ist kurz. In diesem Fall hat es genau zehn Worte bis zur Falle gedauert, weil man/frau natürlich nicht „Fettnäpfchen" schreiben darf. Richtig muss es heißen, und daran sollten Sie denken, wenn Ihr Freund/Ihre Freundin Sie das nächste Mal fragt, ob er oder sie zugenommen hat: „Vollschlanknäpfchen".

Bleiben zwei Fragen.

Erstens: Warum muss man (!) Frauen gegenüber politisch korrekt sein, obwohl Frauen doch nachweislich alles sind, aber mit Sicherheit keine Minderheit?

Zweitens: Wird es mir gelingen, einen zu 100 Prozent politisch korrekten Witz zu erzählen? Ich versuche es.

Dmitri Medwedew, Barack Obama und Angela Merkel gehen am Ostseestrand spazieren. Sie unterhalten sich über U-Boote, die sich ausschließlich für Friedensmissionen eignen. Der russische Präsident, dessen Missachtung von Menschen- und anderen Grundrechten nicht scharf genug verurteilt werden kann, sagt: „Unsere U-Boote können allein mit Brennstoffzellen zwei Monate unter Wasser bleiben." Der US-Präsident afroamerikanischer Herkunft antwortet: „Das ist doch gar nichts. Bei uns wird der Treibstoff aus dem getrennten Müll und der Atemluft unserer Matrosinnen und Matrosen hergestellt, die mit der demokratisch gewählten Kapitänin bis zu einem halben Jahr durch die Weltmeere fahren können, ohne dass das U-Boot einmal auftauchen muss." Die deutsche Kanzlerin mit ostdeutschem Hintergrund überlegt gerade, ob es politisch korrekt wäre, die Leistungen ihrer Kollegen zu

überbieten, als aus der Ostsee ein U-Boot aufsteigt. Die Luke öffnet sich, die Kapitänin steckt ihren Kopf heraus und ruft: „Sei gegrüßt, ehemaliges Staatsoberhaupt, das wir nie haben wollten. Wir brauchen Bio-Diesel!"
Selten so politisch korrekt gelacht, oder? (Wobei ich mir nicht sicher bin, ob der Witz in der ursprünglichen Fassung nicht besser funktioniert. In der sagt der Kapitän am Ende, und ich distanziere mich voll und ganz davon: „Heil Hitler, wir brauchen Diesel!")

Der Wutbürger

Was passiert eigentlich, wenn das teuerste Bahnhofsprojekt in der Geschichte der Bundesrepublik auf das geizigste Volk trifft? „Wutbürger" wird zum Wort des Jahres. Die Neuschöpfung sei entstanden, „um einer Empörung in der Bevölkerung darüber Ausdruck zu geben, dass politische Entscheidungen über ihren Kopf hinweg getroffen werden", schrieb die Gesellschaft für deutsche Sprache in ihrer Begründung[21] und wählte „Stuttgart 21" und das „Sarrazin-Gen" auf die Plätze zwei und drei, das „Schottern" von Castor-Gleisen landete auf Rang sieben. Vier von zehn ausgesuchten Wörtern hatten damit direkt mit dem Aufbegehren der Deutschen gegen Politik zu tun.
Was für eine Zäsur, welcher Mentalitätswandel!
Hatten die Bundesbürger seit dem Abflauen der Anti-Atomkraft- und Friedensbewegung ihren Frust sehr still durch eine immer weiter sinkende Beteiligung an Bundestags- und Landtagswahlen zum Ausdruck gebracht, so standen sie jetzt plötzlich wieder auf. Dagegen sein, auch sonst keine wirklich undeutsche Eigenschaft, wurde zur Tugend, Mit- und Volksbestimmung zum Gebot der Stunde.
Der ganz normale Durchschnitts-Baden-Württemberger kämpfte gegen einen unterirdischen Bahnhof, als sei die Idee erst 2010 und nicht schon 1994 der Öffentlichkeit vorgestellt worden; in Bayern setzten Bürger ein Nichtraucherschutz-

---

21 Pressemitteilung der Gesellschaft für deutsche Sprache, 17.12.2010.

gesetz durch, gegen das die Prohibition im Amerika des frühen 20. Jahrhunderts wie ein „Eltern haften für ihre Kinder"-Schild wirkt. Und die Hamburger kippten 2010 erst die von nahezu allen politischen Parteien geplante Schulreform und dann den kompletten Senat.

Nicht, dass die Deutschen nicht schon immer mit der Faust in der Tasche herumgelaufen wären ob der Entscheidungen „von denen da oben". Aber spätestens 2010 haben sie sie rausgeholt. Der Wutbürger ist insofern eine logische Fortentwicklung des schimpfenden, sich beschwerenden, von schlimmen Zukunftsängsten getriebenen Deutschen. Er meckert und buht, kettet sich an Eisenbahnschienen und gründet Bürgerinitiativen. Ja, er schafft sogar das Unmögliche: Der Wutbürger setzt gegen den Willen der herrschenden Parteien neue Wahlsysteme durch, um sich dann hinterher genau über diese zu ärgern.

So geschehen in Hamburg, dem offensichtlichen Zentrum der Bewegung. Als dort im Februar 2011 überraschend und vorzeitig ein neuer Senat gewählt werden musste, empörten sich nicht wenige über die wie kleine Zeitschriften daherkommenden Wahlunterlagen. Jedes Heft hatte eine andere Farbe und eine andere Funktion, aber alle enthielten nicht enden wollende Namenskolonnen, hinter denen sich Kreise aneinanderreihten wie sonst nur im Logo eines großen deutschen Autoherstellers. Weil das alles so kompliziert und die gewohnte Erst- und Zweitstimmen-Kombination durch insgesamt 20 zu vergebende Stimmen ersetzt worden war, verschickte die Stadt die Hefte zum Probewählen sogar vorab an alle Haushalte.

„Wer hat sich denn das ausgedacht?", fragte ausgerechnet ein Journalist aus Baden-Württemberg den späteren Bürgermeister Olaf Scholz wenige Tage vor der Wahl.
„Dieses Wahlsystem", sagte Scholz knapp, „ist das Ergebnis eines Volksentscheids."
Man könnte echt wütend werden.

Der Humor der Deutschen

Eltern haften für ihre Kinder

Grundsätzlich gibt es zwei Arten, auf die sich das Zusammenleben von Menschen organisieren lässt. Entweder gibt man jedem Einzelnen die Freiheit, sich so zu entfalten, wie er das will. Oder man sagt ihm ganz genau, was er tun und vor allem, was er lassen soll.
Wir Deutschen haben uns für die zweite Variante entschieden.
Allein an unseren Straßen gibt es rund 20 Millionen Ge- und Verbotsschilder, durchschnittlich alle 28 Meter eins.[22] Das dürfte für einen Weltrekord reichen.
Gründlich, wie wir Deutschen nun einmal sind, setzen wir aber noch einen drauf. Was heißt einen? Unzählige weitere Hinweisschilder nehmen uns jeden Tag das Denken ab. Das beginnt morgens in der Toilette, wo die eigene Frau dankenswerterweise den Aufkleber mit dem nackten Männchen angebracht hat, das nur im Sitzen pinkelt. Es geht weiter in Bus („Bitte den Fahrer während der Fahrt nicht ansprechen!") und Bahn („Tür nur im Notfall öffnen!") auf dem Weg zur Arbeit. Auch dort ist alles ausführlich beschildert, die Anweisungen reichen von „Verlassen Sie die Toilette so, wie Sie sie vorgefunden haben" über „Fahrstuhlbenutzung nur für Besucher" bis „Benutztes Geschirr ausschließlich in den dafür vorgesehenen Geschirrwagen abstellen". Wer den

---

[22] *Hoch & Tiefbau, Fachinformationen für die Bauwirtschaft, Ausgabe 3/2008.*

Fehler macht, in der Mittagspause auswärts essen zu gehen, muss einerseits um seine Garderobe fürchten, für die das Restaurant natürlich „keine Haftung" übernimmt, und andererseits genug Bargeld dabeihaben („Keine Kreditkarten! Keine EC-Karten!"). Wer besonderes Pech hat, so wie Herr Müller-Hohenstein vor Kurzem, gerät gar in einen Imbiss, der sich und seinen Gästen eines der wichtigsten Arbeitnehmerlebensmittel verbietet. Groß steht dort über der Theke: „Keine Pommes!"

Es gibt nichts, was es nicht gibt. Unberechtigt geparkte Fahrzeuge werden kostenpflichtig abgeschleppt, das Springen vom Beckenrand ist genauso verboten wie das Betreten der Grünflächen. Eltern haften für ihre Kinder, die Benutzung des Spielplatzes geschieht auf eigene Gefahr, die Feuerwehrzufahrt ist frei zu halten, das Einstellen von Kinderwagen und Fahrrädern ist untersagt. Die Gedanken sind frei? Nein, nur die Anlieger, leider.

Rauchen ist längst fast überall verboten, viele Innenstädte sind für Autos ohne entsprechende Umweltplakette tabu. Tankstellen dürfen nachts keinen Alkohol mehr verkaufen, anderen Geschäften ist es nur in Ausnahmefällen erlaubt, sonntags zu öffnen. Feuermelder müssen in jeder Wohnung hängen, herkömmliche Glühbirnen dürfen das nicht.

Der Letzte macht bitte die Energiesparleuchte aus!

Die letzte große Freiheit

Wenn in Kneipen das Rauchen verboten ist, wenn Videospiele geächtet und harmlose Bürger am Telefon abgehört werden können, bleibt nur eines: Raus aus dem Haus, rein ins Auto. Schlüssel umdrehen, Radio an, und schnell dorthin, wo der Mensch noch Mensch sein darf: auf die Autobahn.
Hier kann man ein letztes Gefühl von Freiheit in unserem sonst so straff reglementierten Land verspüren. Blinker an, linke Spur, rechte Spur, linke Spur. Bleifuß, Lichthupe, abbremsen, pöbeln. Zwischendrin der freundliche Autofahrergruß zum Opa im silbernen Astra, der uns nicht vorbeilassen wollte. Finger raus und mit 180 vorbei. Herrlich!
Das haben sie uns nicht nehmen können, nicht einmal die grünen Politiker, die behaupten, dass sich mit einem generellen Tempolimit auf Deutschlands Autobahnen der Klimawandel von heute auf morgen aufhalten ließe.
Um unser Autobahnnetz, dieses fast 13 000 Kilometer lange Symbol der Freiheit, beneidet uns die ganze Welt. Im Englischen gibt es keine adäquate Übersetzung, weshalb selbst amerikanische Autofahrer von „Autobahn" sprechen, wenn sie voller Neid nach Deutschland blicken. Nicht wenige kommen, genau wie Japaner, Briten und Skandinavier, extra her, um wenigstens einmal im Leben richtig Gas zu geben. Oder, um es mit Frank Sinatra zu sagen: *If you can make it here, you can make it anywhere* – zumindest, wenn man nicht gerade auf der A 1 zwischen Hamburg und Bremen unterwegs ist.

Dort heißt Freiheit nämlich 80 km/h, und das auch nur, wenn man Glück hat. Von rund 120 Autobahnkilometern sind gut zwei Drittel Baustellen, und die verbliebenen Fahrbahnen sind so eng, dass es selbst für Minis kritisch wird. Hat man einen Lkw vor sich, gibt es nur zwei Möglichkeiten: Entweder bleibt man stur hinter ihm, oder man opfert bei einem auch sonst riskanten Überholmanöver den Spiegel auf der Beifahrerseite. Natürlich gibt es permanent Unfälle und Radarkontrollen, und natürlich reißt die frisch aufgebrachte Asphaltdecke beim ersten Nachtfrost wieder auf. Die Fahrt von Hamburg nach Bremen dauert auf diese Weise gern mal zwei, drei, vier oder mehr Stunden, und wenn die regionalen Radiosender wollten, könnten sie ihr komplettes Programm mit Stau- und anderen Warnhinweisen zur A 1 füllen.

Und leider macht uns nicht nur diese Strecke große Sorgen. Überall in der Republik werden die freiheitsliebenden Deutschen ausgebremst, weil es so viele von ihnen gibt. Der Verkehrsfunk meldet oft nur noch Staus ab einer Länge von zwei oder drei Kilometern, weil die Durchsagen sonst zu lang würden. Gehen die erst bei fünf Kilometern los, kann man sich auf einen harten Tag auf der Autobahn einstellen, bei zehn ist das Technische Hilfswerk mit Decken und warmem Tee nicht mehr weit.

Jeder deutsche Autofahrer kann mindestens eine Geschichte von einem Monsterstau erzählen. Wie die Kinder auf der Rückbank nicht aufgehört haben zu weinen, wie das Benzin auf einmal alle war oder Opas 90. Geburtstag am Karmener Kreuz gefeiert werden musste. Unvergessen auch die Freun-

din, die es mitten auf der A7 nicht mehr aushielt und sich im Schutz der geöffneten Fahrertür auf dem Asphalt erleichtern musste. Es sollte an jenem heißen Sommertag nicht das einzige verdächtige Rinnsal bleiben.
Will sagen: Unsere Autobahn ist auf dem Weg, zu einer Legende zu werden. Freie Fahrt hat nur, wer spät in der Nacht oder sehr, sehr früh am Morgen unterwegs ist, und das am besten an einem Sonntag. Dann ist die Autobahn bekanntlich für Laster verboten.
Womit wir wieder beim Thema wären … Denn es gibt im Zusammenhang mit Autobahnen eine Geschichte, die dringend verboten gehört: Die Legende der Ewiggestrigen, dass an Adolf Hitlers Diktatur nicht alles schlecht gewesen sei, weil er den Deutschen schließlich ihre Lieblingsstraße geschenkt hätte, ist so dumm wie falsch. Die Autobahnen sind eine Erfindung aus den 20er-Jahren des vergangenen Jahrhunderts, und die erste hat ein gewisser Konrad Adenauer, damals Oberbürgermeister von Köln, eingeweiht. Das war 1932.

Das Lieblingsspielzeug

Eine der ersten Erinnerungen, die ich an meine Kindheit habe, stammt aus dem Jahr 1974. Ich war fünf und stand mit meiner Mutter an der Lühmannstraße im Hamburger Arbeiterstadtteil Harburg.
„Gleich kommt Papa", sagte sie, und ich schaute angestrengt den Bürgersteig rauf und runter. „Und Papa kommt diesmal nicht allein", sagte meine Mutter.
Diese Information muss mich damals kurzzeitig verwirrt haben, denn ich fing an zu wimmern und hätte wahrscheinlich richtig losgeheult, wenn wenige Sekunden später nicht ein beiges Auto neben uns gehalten und mein Vater hinter dem Steuer wie wild gehupt hätte.
„Siehst du, da ist er!", sagte meine Mutter. „In unserem ersten eigenen Auto."
Solche Momente vergisst man nicht. Mein Vater war stolz, meine Mutter war stolz, und ich spürte, dass gerade etwas Bedeutendes passierte. Mein Leben als Deutscher hatte an diesem Tag richtig begonnen, endlich war meine Familie Mitglied der im wahrsten Sinn des Wortes größten nationalen Bewegung.
Seit Carl Benz im Jahr 1886 den ersten Patent-Motorwagen baute, ist das Auto ein Kernbestandteil deutscher Identität und Sozialisation. Das beginnt mit Situationen wie der oben beschriebenen, geht weiter über Familienurlaube mit dem Auto und Autonummern-Sammeln bis hin zu dem Moment, an dem man zum ersten Mal selbst hinter dem Steuer sitzt.

Für einen heranwachsenden Deutschen stellt sich nicht die Frage, ob, sondern *wann* er den Führerschein macht, wie lange er dafür braucht und inwieweit seine Ersparnisse seit Kommunion beziehungsweise Konfirmation für Fahrstunden und Prüfung reichen. Entscheidend ist, dass man den „Lappen", der heute eine schmucklose Plastikkarte ist, genau zur Vollendung des 18. Lebensjahrs erhält.
In der Vergangenheit war das Dokument erst grau, dann rosa, und seine Bedeutung ging weit über die Erlaubnis zum Führen eines Kraftfahrzeugs hinaus. Der Führerschein diente jahrzehntelang vor allem als Beweis, dass man auch mal jung war. Ein Partygag, die Erinnerung an volle Haare, schmale Gesichtszüge, an die Freundin und das erste Mal allein im Auto. Im Idealfall hatte sich beides verbinden lassen.
In jedem Fall spielte und spielt der Führerschein beim Erwachsenwerden der meisten Deutschen eine herausragende Rolle. Auch danach warten unvergessliche Erlebnisse: Der erste eigene Wagen, die Mitgliedschaft im ADAC, das erste Knöllchen, vielleicht ein paar Punkte beim Kraftfahrzeugbundesamt in Flensburg. Der Dienstwagen mit den eigenen Initialen auf dem Nummernschild, das erste Foto, wie man mit 150 km/h durch eine Tempo-100-Zone fährt. Die erste Familienkutsche – ein Kombi! –, die alle zusammen ab Werk abholen, Kindersitz inklusive. Und zwischendurch immer wieder die Frage, was mit dem alten Auto geschehen soll, mit „Volvi", dem „roten Blitz" oder „Schrotti", mit „Baby" oder „Schnucki".
Die beiden letzten sind die bei uns beliebtesten Kosenamen, und sie unterstreichen, dass ein Auto für die Deutschen

mehr ist als ein Beförderungsmittel von A nach B. In Zahlen[23]: 62 Prozent können sich nicht vorstellen, auf ihren Wagen zu verzichten. Damit ist das Auto wichtiger als der Fernseher (50 Prozent), und es gibt nicht wenige, die täglich etwa gleich viel Zeit mit beiden verbringen, nämlich zwischen einer und drei Stunden. Nahezu jeder zweite Deutsche hat ein ungutes Gefühl, wenn er seinen geliebten Opel, VW oder BMW verleihen soll, für jeden Dritten kommt das auf gar keinen Fall infrage. Mehr als die Hälfte wäscht das Fahrzeug mindestens einmal im Monat, und ich weiß sicher, dass Herr Müller-Hohenstein nicht nur eine beheizbare Garage für seinen Golf hat, sondern immer auch eine Schuhbürste sowie Plastiküberzieher im Kofferraum. Was war das für ein Geschrei, als er einmal eine junge Kollegin aus der Firma mit nach Hause genommen hatte und feststellen musste, dass die auf dem Parkplatz in einen Hundehaufen getreten war! Herr Müller-Hohenstein brauchte nach eigenen Angaben einen halben Tag und zwei Flaschen Sagrotan, um sein Auto wieder sauber zu kriegen.

Das mag für einen Außenstehenden, also für einen Nicht-Deutschen, genauso lächerlich klingen wie das Gezeter, das wir wegen einer kleinen Schramme an der Beifahrertür oder einer Delle an der Stoßstange machen. Tatsächlich fühlt sich das für einen Bundesbürger aber so an, als hätte man ihm oder einem seiner Kinder etwas angetan. Das Auto gehört zur Familie, nein falsch, *die Autos* gehören zur Familie. Denn selbstverständlich möchte heutzutage jedes Mitglied sein

23 Laut Forsa-Studie, 2008 und Umfrage von Autoscout24, 2010.

eigenes Fahrzeug haben, und weil es so schwer fällt, sich von dem alten zu trennen, gab es zum Beispiel in der Familie meiner Frau zeitweise mehr Autos als Fahrer.
Insgesamt sind in Deutschland rund 41 Millionen Pkw zugelassen, und nie waren sie so modern und umweltbewusst wie nach der Abwrackprämien-Orgie im Jahr 2009. Die erneuerte nationale Flotte hat allerdings einen starken Migrationshintergrund: Mithilfe der staatlichen Fördergelder haben sich die Deutschen nämlich vor allem ausländische Fabrikate gekauft.

Die Zeche zahlt immer der kleine Mann

Auf gut Deutsch gesagt, zahlt die Zeche am Ende doch immer der kleine Mann. Die da oben machen, was sie wollen, und stopfen sich die Taschen voll, da beißt die Maus keinen Faden ab. Aber wem sage ich das? Das dürfte den meisten von Ihnen klar wie Kloßbrühe sein. Da springt der Konjunkturmotor wieder richtig an, zieht die Exportlokomotive die deutsche Wirtschaft endlich aus dem Tal der Tränen, und was macht Angela Merkel? Schickt sie den Außenminister in die Wüste? Sorgt sie dafür, dass der Finanzminister dahin geht, wo der Pfeffer wächst, und Otto Normalverdiener endlich ein größeres Stück vom Steuerkuchen bekommt?
Nix da. Das wäre ja noch schöner, sagt sie, da könne ja jeder kommen. Steuersenkungen kämen jedenfalls nicht in die Tüte, basta.
Heiliger Strohsack, das kann doch nicht wahr sein! Schluss mit lustig, jetzt halten Sie mal die Luft an! Versprochen ist versprochen und wird nicht gebrochen.
Der deutsche Michel weiß, dass aller Anfang schwer ist, aber wenn nicht jetzt, wann dann? Mehr netto vom Brutto, einer geht noch, einer geht noch rein! Das Glück gehört den Tüchtigen, Vertrauen ist gut, Kontrolle ist besser. Da nehme ich vielen Wählerinnen und Wählern sicher das Wort aus dem Mund.
Und jetzt Sie, Frau Bundeskanzlerin! Auge um Auge, Zahn um Zahn, Alter vor Schönheit!
„Kommt Zeit, kommt Rat, Herr Mahr."

„Das können Sie nicht auf die lange Bank schieben, das lassen wir Ihnen nicht durchgehen!"
„Nun lassen Sie mal die Kirche im Dorf."
„Wer im Glashaus sitzt, sollte nicht mit Steinen werfen, Frau Merkel."
„Jeder ist seines Glückes Schmied."
„Wer's glaubt, wird selig. Was Hänschen nicht lernt, lernt Hans nimmermehr. Und den Letzten beißen die Hunde."
„Die Letzten werden die Ersten sein."
„Hand aufs Herz: Besser ein Ende mit Schrecken als ein Schrecken ohne Ende. Werfen Sie das Handtuch!"
„Das hätten Sie wohl gern. Unkraut vergeht nicht!"
Nachtigall, ick hör dir trapsen. Die Merkel will der Fels in der Brandung bleiben. Nachher ist man immer schlauer, der Apfel fällt halt nicht weit vom Stamm. Erst hatten wir Kohl, jetzt haben wir den Salat. Eben war die ostdeutsche Göre noch grün hinter den Ohren, nun bleibt alles beim Alten. Mitgehangen, mitgefangen! Wer den Schaden hat, braucht für den Spott nicht zu sorgen. Wir sitzen alle in einem Boot, ob wir wollen oder nicht. Da ist guter Rat teuer!
Aber noch ist nicht aller Tage Abend. Ein blindes Huhn findet auch mal ein Korn, und das Ganze ist mehr als die Summe seiner Teile. Carpe diem, dass soll unser kleinster gemeinsamer Nenner sein. Wir müssen uns alle an einen Tisch setzen und an einem Strang ziehen – einer für alle, alle für einen! Jetzt geht's los, jetzt geht's los!
Die Jugend ist zwar auch nicht mehr das, was sie mal war, aber so ist das Leben nun mal. Schweigen ist Silber, Reden ist Gold! Ein Mann, ein Wort, eine Frau, ein ganzer Roman!

Augen zu und durch! Alles hat seine Zeit! Warum in die Ferne schweifen, wenn das Gute liegt so nah?
Wir sind das Volk! Jeder muss seinen Mann stehen! Lasst uns gemeinsam durchs Feuer gehen, Seite an Seite, Hand in Hand. Wenn die oberen Zehntausend Ärger wollen, können sie ihn haben, besser jetzt als später. Was du heute kannst besorgen, das verschiebe nicht auf morgen! Was du nicht willst, das man dir tu, das füg ruhig mal den anderen zu!
Wir waren lange genug die Zahlmeister der Nation und haben von der Hand in den Mund gelebt. Jetzt holen wir uns, was uns zusteht. Bei Geld hört die Freundschaft auf. Wer anderen eine Grube gräbt, fällt selbst hinein. Die haben an dem Ast gesägt, auf dem sie sitzen, jetzt bekommen sie die Quittung, über kurz oder lang, ob sie wollen oder nicht. Da soll noch einer sagen, wir hätten sie nicht gewarnt. Andere Parteien haben auch schöne Töchter.
Um es mit einem Satz zu sagen: Es reicht. In der Kürze liegt die Würze – damit muss endlich Schluss sein!

Das Beste zum Schluss

Zum Ende dieses kleinen Führers über die Eigenarten eines putzigen Völkchens bleibt eine Frage: Was wäre die Welt ohne uns? Hier eine Auswahl an Antworten, die sich natürlich beliebig fortsetzen ließe und die nur deshalb so kurz ist, weil wir Deutschen bekanntermaßen nicht dazu neigen, zu lange zu gut über uns zu sprechen.

Ohne die Deutschen …
… wären die Kopfschmerzen nach einer langen Nacht und vielen (deutschen) Bieren unerträglich.
… hätte die Erde längst wegen Überfüllung geschlossen werden müssen.
… würden die Menschen ihre Terminkalender, Hausmitteilungen und Steuererklärungen immer noch an Höhlenwände malen.
… liefen die meisten jungen Männer und Frauen halbnackt rum (was wiederum keine so schlechte Vorstellung ist).
… wäre Spanien niemals Fußballweltmeister geworden.
… müssten sämtliche Sozialpädagogen verdursten.
… würden hinter Pferdestärken noch Pferde stecken.
… hätte Thomas Gottschalk nur die Hälfte seines Vermögens.
… wären Zahnärzte noch reicher, als sie sowieso schon sind.
… wüsste niemand genau, wie spät es ist.
… wäre Michael Hirte niemals Supertalent geworden.
… würden Sie dieses Buch nicht in Händen halten.

Ist das nicht schön? Beweist es nicht, dass wir es trotz (oder gerade wegen) unserer reinlich-kleinlichen Lebenseinstellung zu etwas gebracht haben? Hergestellt in Deutschland – will sagen: Made in Germany – ist das größte Kompliment, das man einem Produkt machen kann. Mögen unsere Fußballer seit 1990 nicht mehr Weltmeister geworden sein, unsere Unternehmen sind es seit Jahrzehnten. Heute wie vor 500 Jahren verändern deutsche Erfindungen das Leben auf dem Planeten. Das beginnt mit dem Auto, geht über die Antibabypille, Zahnpasta, Aspirin und die Funkarmbanduhr bis hin zu Goldbären, Jeans und zur Mundharmonika. Dazu kommen Schraubstollenschuhe für Fußballer, das Telefon, der Buchdruck, Teebeutel, Tonbänder, Düsentriebwerke und Dieselmotoren.
Wer hat's erfunden? Genau: wir. Die Deutschen.
Das wird man ja wohl noch sagen dürfen!

Der Gartenzwerg

An dieser Stelle ist es Zeit, Sie, liebe Leserinnen und Leser, in eines der größten Geheimnisse von „Reinlich & Kleinlich?!" einzuweihen. Es geht um – den Gartenzwerg. Der sollte ursprünglich in diesem Buch mit keinem Wort erwähnt werden, das hatten sich alle Beteiligten fest vorgenommen. Zu klischeehaft, zu oft beschrieben, abgegriffen, übergesehen, altbacken. Es gab mehr Argumente gegen den kleinen Kerl als Staus auf deutschen Autobahnen. Gartenzwerg? Nein danke!
Am Ende hat er es auf das Cover geschafft, hat von dort Bierkrüge, Nationalmannschaftstrikots, Mülleimer und sogar Socken in Sandalen verdrängt. Immer wieder ist das Titelbild verändert worden, mit immer neuen Symbolen, die für Deutschland stehen sollten. Aber zufrieden, so richtig zufrieden, waren alle erst, als der Mann mit der roten Zipfelmütze im akkurat geschnittenen Gras stand. Ja, das war es!
Wenn es einen Beweis dafür gebraucht hätte, dass der Gartenzwerg lebt und typisch deutsch ist, haben ausgerechnet wir ihn gegeben. Und weil ich mir als Autor durchaus meines Anteils an dieser Entwicklung bewusst bin, habe auch ich mich in letzter Sekunde zum Zwerg in mir bekannt. Wenn schon, denn schon! Das entsprechende Bild dazu finden Sie beim Klappentext … Schade nur, dass es ausgerechnet zu unserem Titelhelden beinahe kein Kapitel in diesem Buch gegeben hätte. Zu sehr hatte ich offensichtlich inhaltlich mit ihm abgeschlossen, zu stark war ich entschlossen, als einer

der ersten Deutschland-Beschreiber überhaupt ohne den Gartenzwerg auszukommen. Fast wäre es gelungen, fast wäre es bei der nicht nennenswerten Erwähnung im Kapitel „Nur die Harten kommen in den Garten" geblieben. Doch dann, wenige Tage bevor „Reinlich & Kleinlich?!" in den Druck gehen sollte, bekam ich Cover und Umschlag zur Freigabe geschickt, und sah ihm zum ersten Mal mitten ins Gesicht. Draußen regnete es, wir hatten Hochsommer, und drinnen tat mir der Gartenzwerg leid, dessen Silhouette in den nächsten Monaten die Kunden in den Buchhandlungen anlocken sollte. Um auf „Reinlich & Kleinlich?!" aufmerksam zu machen, war er uns gut genug, aber für ein eigenes Kapitel nicht? Er tat mir leid, und so schaltete ich den Computer noch einmal ein und schrieb diese Zeilen, so schnell ich konnte.

Ja, der Gartenzwerg, unser Gartenzwerg!, ist der Inbegriff deutscher Spießigkeit, er verkörpert so langweilige Tugenden wie Sauberkeit und Fleiß, Ordnung und Leistung. Aber er ist eben auch ein putziger, kleiner Kerl, eine „Ikone deutscher Innerlichkeit", um es mit dem „Spiegel", und ein Stück Geborgenheit, um es mit meinen Worten zu sagen. Vor allem sind die Millionen Zwerge, die in unseren Gärten stehen, der Beweis dafür, dass die Deutschen so verklemmt nicht sein können. Und dass Sie durchaus in der Lage sind, sich selbst auf die Schippe zu nehmen.

So gesehen hätten wir uns wirklich niemanden besser auf dem Titel vorstellen können als ihn.

The Making of „Reinlich & kleinlich?!", oder: Deutsche Gründlichkeit

Dieses Werk ist ein Ergebnis deutscher Gründlichkeit, wie sie im Buche steht. Von der Idee bis zur Herstellung ist alles getan worden, um maximale Genauigkeit sowie Fehlerlosigkeit zu garantieren und den weltweit höchsten Standards in den Kategorien Sauberkeit (der Recherche), Pünktlichkeit (in der Auslieferung) und Ordentlichkeit (in Grammatik und Rechtschreibung) zu genügen. Sie wollen Beweise? Bitte sehr:
1. Die Verträge zwischen Verlag, Autor und Literaturagentin umfassen 20 dicht beschriebene DIN-A4-Seiten, die nicht nur eine mögliche Verfilmung, sondern auch die Verwertungsrechte für Medien regeln, die zum Zeitpunkt des Vertragsabschlusses noch gar nicht erfunden waren.
2. Der Produktion ging eine einjährige Konzeptionsphase voraus, in der aus mehr als 100 deutschen Eigenheiten die 50 besten ausgewählt wurden. Selbstverständlich in dafür extra eingerichteten Arbeitskreisen und Projektgruppen.
3. Alle Beteiligten an diesem Projekt leben in Deutschland, sprechen fließend Deutsch und waren mindestens einmal auf Mallorca.
4. Der Autor wurde sorgfältig ausgesucht und erklärte an Eides statt, dass er niemals für eine Doktorarbeit abgeschrieben, bei einer Doktorarbeit betrogen oder in Bayreuth studiert habe.

5. Der Autor hat vor diesem Projekt drei Bücher geschrieben, mehr als 1 000 gelesen und rund 10 000 Texte verfasst. Er beherrscht die neue deutsche Rechtschreibung und keine weiteren Fremdsprachen.
6. Der Autor hat mehrere tausend Gespräche mit Deutschen geführt und etwa 15 Jahre lang mit dem Äquivalent zu „Herrn Müller-Hohenstein" zusammengearbeitet.
7. Der Autor hat jede der geschilderten Geschichten mindestens einmal selbst erlebt. Die meisten der beschriebenen Verhaltensweisen hat er sich zu Testzwecken zu eigen gemacht und immer wieder überprüft.
8. Jeder einzelne Satz des Buches wurde mit Hilfe der 20 gängigsten Softwareprogramme auf mögliche Plagiate durch- beziehungsweise untersucht. Jede Menge wurde gefunden und bewusst in diesem Buch belassen, weil das schließlich seit Kurzem auch typisch deutsch ist.
9. Der Autor hat das Buch nicht nur geschrieben, sondern auch zehn Mal selbst gelesen und sämtliche ihm bekannten Rechtschreibprogramme darüberlaufen lassen. Außerdem wurde es innerhalb der Familie, zu der ein Unternehmensberater, eine Journalistin, ein Arzt, eine Lehrerin, ein kaufmännischer Angestellter, eine Hausfrau und eine Immobilienbesitzerin gehören, einer Plausibilitätsprüfung unterzogen. Der Familienhund bürgt für die Apportierfähigkeit.
10. Das Material für das Papier besteht zu 100 Prozent aus recycelten Büchern des Autors. Was nicht heißen soll, dass es dessen wunderbare Romane nicht noch im ausgesuchten Buchhandel zu erwerben gibt.

11. Die Nummerierung der Seiten erfolgte strikt nach arabischem Vorbild und ist von zwei Mathematikprofessoren im Ruhestand auf ihre Richtigkeit hin überprüft worden.
12. Das Buch wird seit fast zwei Monaten einem automatisierten Langzeittest unterzogen. Sechs Maschinen blättern es in unterschiedlichen Geschwindigkeiten 24 Stunden lang an sieben Tagen die Woche um. Vorbild war der Testaufbau eines süddeutschen Reinigungsmaschinenherstellers, der seine Produkte 365 Tage im Jahr in einer Halle im Kreis herumfahren lässt, um eventuelle Abnutzungserscheinungen frühzeitig zu erkennen. Bei den Lesemaschinen haben sich diese bisher nicht eingestellt. Im Gegenteil: Trotz inzwischen zehntausendfacher Lektüre hat die Begeisterung für „Reinlich & kleinlich?!" nicht nachgelassen.
13. Würde der Autor sich bei allen am Projekt Beteiligten bedanken, müsste dieses Buch doppelt so dick sein. Deshalb seien hier, stellvertretend für jeweils tausend andere, nur folgende Namen genannt: Nina Arrowsmith, Eva Betz-Weiß, Simone Kohl, Sibylle Auer, Iris Homann und Gudrun Rücker.
14. Die Frau des Autors bürgt dafür, dass er sich jedes Jahr nur auf ein einziges Produkt konzentriert und gibt ihm ansonsten alles, was er zum Glücklichsein braucht.